DIE MACHT DER POSITIVEN GEDANKEN

In 9 Schritten vom Traum zur Realität

Victoria Jackson

DIE MACHT DER

In 9 Schritten

POSITIVEN

vom Traum zur Realität

GEDANKEN

Manifestieren für Einsteiger

Penguin
Random
House

Für die deutsche Ausgabe:
Verlagsleitung Monika Schlitzer
Programmleitung Heike Faßbender
Projektbetreuung Doreen Wolff
Herstellungsleitung Dorothee Whittaker
Herstellungskoordination Arnika Marx
Herstellung Jenny Kolbe
Covergestaltung Jefferson & Högerle, Köln

Übersetzung Anke Wellner-Kempf
Lektorat Cornelia Rüping

Titel der englischen Originalausgabe:
Manifesting for Beginners. A step-by-step
guide to attracting a life you love.

Der Originaltitel erschien 2022 in
Großbritannien bei Aster, ein Imprint der
Octopus Publishing Group Ltd, London,
ein Unternehmen von Hachette.

Text © Victoria Jackson 2022
Design und Layout © Octopus Publishing
Group Ltd 2022

© der deutschsprachigen Ausgabe by
Dorling Kindersley Verlag GmbH, München,
2022

Ein Unternehmen der Penguin Random
House Group

Design Rosamund Saunders
Illustrationen Elise Conlin

ISBN 978-3-8310-4648-5

Druck und Bindung China

MIX
Papier aus verantwor-
tungsvollen Quellen
FSC www.fsc.org **FSC® C016973**

www.dk-verlag.de

Hinweis
Die Informationen und Ratschläge in
diesem Buch sind von der Autorin und
vom Verlag sorgfältig erwogen und
geprüft, dennoch kann eine Garantie
nicht übernommen werden.
Eine Haftung der Autorin bzw. des
Verlags und seiner Beauftragten für
Personen-, Sach- und Vermögens-
schäden ist ausgeschlossen.

Inhalt

Vorwort 6
Einführung 11

SCHRITT 1
Das Ich der Zukunft visualisieren 21

SCHRITT 2
Intentionen setzen 35

SCHRITT 3
Mit dem Universum verbinden 51

SCHRITT 4
Die Schwingungen erhöhen 69

SCHRITT 5
Die Energie der Dankbarkeit spüren 87

SCHRITT 6
Glauben 99

SCHRITT 7
Handeln 115

SCHRITT 8
Das Ergebnis loslassen 129

SCHRITT 9
Synchronizitäten und Zeichen wahrnehmen 145

Ein paar Gedanken zum Schluss 154

Literatur 156

Register 157

Danksagung 160

Vorwort

Hätte mir als gestresste, zynische Journalistin mit Mitte 20 jemand gesagt, dass ich mich mit 30 von Kristallen umgeben, jeden Morgen meditieren und meine Tage damit verbringen würde, Menschen zu lehren, durch die Macht ihrer Gedanken ihr Leben zu verändern, ich hätte mich darüber lustig gemacht.

Oder nein. Ich hätte mich darüber lustig gemacht, meine Geige fallen gelassen, auf der ich unbedingt täglich spielen wollte, und mit den Augen gerollt, sodass man nur noch das Weiße gesehen hätte. Sie glauben, dass Ihnen Ihr Leben widerfährt und Sie es nicht aktiv gestalten können? Diese negative Opfermentalität, die viele von uns tagtäglich pflegen, ist nur schwer abzulegen.

Das Leben geschieht einfach, und wir haben keinen Einfluss darauf, was dabei herauskommt? Falsch.

Äußerlich war mein Leben gut: Mit 25 war ich Chefredakteurin eines Magazins für Männermode, reiste jedes Jahr um die Welt und hatte das Glück, dabei wunderbare Menschen kennenzulernen.

Wer mir auf Social Media folgte, sah nichts als Glanz, Glamour und einen weiteren Stempel in meinem Reisepass. Doch abseits von diesem Leben, ohne den ganzen Stress und die langen Nächte, fühlte ich mich zerrissen: Einerseits war ich für vieles dankbar, während ich mich andererseits nach mehr sehnte. Kennen Sie das Gefühl, gerade etwas auf Instagram gepostet zu haben und sich dann schlecht zu fühlen, weil das, was Sie geteilt haben, ziemlich weit weg von der Realität ist?

Ich verspürte den tiefen Wunsch, mich stärker mit meiner Seele zu verbinden, mich erfüllt zu fühlen und morgens mit Freude aufzuwachen, statt im Job ständig weinend auf der Damentoilette verschwinden zu müssen.

Genau in dieser Phase meines Lebens, als ich es am meisten brauchte, stieß ich auf ein Buch über das Gesetz der Anziehung und seine magische Partnerin, die Manifestation.

Diese Entdeckung mag ein glücklicher Zufall gewesen sein, vielleicht leitete mich aber auch eine höhere Macht, die mir dabei half, das Leben zu finden, für das ich bestimmt war. Ich hoffe, dass Sie Letzteres glauben, nachdem Sie dieses Buches gelesen haben.

Wie jeder, der wie ich eine Alles-oder-nichts-Einstellung hat, verschlang ich alles, was ich über diese mir neue Idee finden konnte. Auf dem Weg zur Arbeit hörte ich mir Hörbücher an, im Flugzeug las ich ein Buch nach dem anderen darüber und ich durchforstete das Internet nach wahren Geschichten über Manifestationen. Plötzlich fand ich mich in einer Welt der Experten, Studien und spirituellen Erleuchtung wieder.

Ich spürte eine Wahrheit in dem Gedanken, dass es eine höhere Macht gibt, die mich auf diesem Weg, den wir Leben nennen, leitet. Für Sie mag das eine spirituelle Quelle, Gott, ein geistlicher Führer oder ein oder mehrere Ahnen sein, für mich war es das Universum.

Ich war an einem Punkt in meinem Leben angelangt, an dem ich komplett die Orientierung verloren hatte, nun vertraute ich darauf, dass mir das Universum die für mich richtige Richtung weisen würde.

Kennen Sie die Formel »bitte, glaube, empfange«, die als Synonym für Manifestation steht? Dann wissen Sie ja, dass wir das Universum um etwas bitten, glauben, dass wir es bereits haben oder es auf dem Weg zu uns ist, und offen sind, es zu empfangen, in welcher Form auch immer es in unser Leben kommen mag.

Und so begann ich mit kleinen Experimenten, um herauszufinden, ob ich meine zynische Einstellung ändern könnte. Um ehrlich zu sein, fing ich klein an, weil ich nicht verstand, wie das gehen sollte, etwas durch Gedanken ins eigene Leben zu ziehen. Ich war durchaus bereit, an eine neue Realität zu glauben, wollte aber Beweise, um darauf vertrauen zu können – wie wir es oft tun, wenn etwas für uns unbequem oder neu ist.

Mit diesem für mich neuen Wissen ausgestattet, bat ich das Universum, mir eine leuchtende rosa Feder zu zeigen, und wartete geduldig. Okay, geduldig ist wohl eher gelogen. Ich könnte jetzt so tun, als hätte ich mich dem Universum hingegeben und nicht mehr daran gedacht. Tatsächlich besetzte die kleine rosa Feder aber alle meine Gedanken.

»Oh, da liegt eine Feder auf dem Boden! Schimmert das Weiß nicht etwas rosa?«

»Bibo aus der *Sesamstraße*! Als ich mir eine rosa Feder wünschte, hast du da gelb gehört, Universum? Ist das meine Manifestation?«

»Moment mal, der Sonnenuntergang ist rosa! Hast du rosa Wetter verstanden statt rosa Feder, Universum?«

Als dann zwei Tage später ein Brief mit der Post kam, klebte eine leuchtend rosa Feder auf dem Umschlag. Zufall?

Zuerst dachte ich das. Aber je länger ich an meiner positiven Einstellung arbeitete, desto klarer wurde mir, dass meine Gedanken mehr Macht besaßen, als ich geglaubt hatte. Immer mehr manifestierte sich in meinem Leben: Ich fand einen Parkplatz, ein Freund meldete sich, nachdem ich an ihn gedacht hatte, ich bekam einen Gratis-Kaffee in meinem Lieblingscafé, ein Ex-Freund rief an, um mit mir das abschließende klärende Gespräch zu führen, das ich mir gewünscht hatte, und sogar Geldbeträge aus einem Lottogewinn und einer unerwarteten Rückzahlung. In drei Jahren hatte ich fast 200 000 Pfund in mein Leben und mein Geschäft manifestiert.

Und dann ereignete sich die eine Manifestation, die mein Leben total verändern sollte: Eines Sonntagabends saß ich in meinem Bett und bat das Universum, mir einen Ausweg aus meinem Beruf aufzuzeigen. Ich schloss meine Augen und stellte mir vor, wie es wäre, selbstständig zu arbeiten, mir etwas Eigenes aufzubauen. Ich wusste nicht genau, wohin es mich zog, aber ich stellte mir vor, wie es sich anfühlen würde, die Freiheit zu haben, überall auf der Welt

»Die Formel ›Bitte, glaube, empfange‹ ist ein Synonym für Manifestieren.«

arbeiten zu können. Mit meinem Laptop irgendwo zu sitzen und zu schreiben. Meine Erfahrungen zu teilen. Kein festes Einkommen zu haben und nicht gesagt zu bekommen, wann ich Urlaub nehmen kann und wann nicht.

Schon am Tag danach wurde die Zeitschrift, bei der ich damals arbeitete, eingestellt und ich verlor meinen Job. Wenn das Universum mich hatte anstupsen wollen, den Absprung zu wagen, war es ihm gelungen. Und ich sprang.

Nun sitze ich hier und schreibe, bin inzwischen ein zertifizierter Mindset-Coach, spezialisiert auf neuroenergetische Verbindung und neuroenergetisches Codieren, sowie Hypnose- und Emotional-Freedom-Technique (EFT) Praktikerin. Ich brachte den ersten Podcast zum Thema heraus und gründete die Online-Community *The Manifestation Collective*, die Tausenden von Menschen auf der ganzen Welt hilft, die eigene Realität durch die Kraft ihrer Gedanken zu verändern.

Ehrlich gesagt fühlt es sich an, als wäre ich ein völlig anderer Mensch als die Frau, die ich zu Beginn dieses Vorworts beschrieben habe. Ich habe gelernt, das Leben anzuziehen, das ich liebe. Und mein Ziel besteht darin, Ihnen mit diesem Buch dabei zu helfen, dasselbe für sich zu tun.

EINFÜHRUNG

Manifestation mag für viele immer noch ein
neuartiges Phänomen sein, das durch die sozialen
Medien verbreitet wird. Doch die uralten Prinzipien,
die hinter dem Gesetz der Anziehung stehen,
werden schon seit Jahrhunderten diskutiert
und angewendet.

Manifestieren und das Gesetz der Anziehung

In seiner einfachsten Form ist das Gesetz der Anziehung ein universeller Grundsatz, der besagt, dass Gleiches Gleiches anzieht. Je mehr positive Gedanken und Absichten Sie in die Welt hinaustragen, desto mehr positive Energie ziehen Sie wie magnetisch an. Und je negativer Ihre Einstellung ist, desto mehr Negatives, ob Menschen oder Situationen, werden Sie um sich herum wahrnehmen.

Manifestation ist mehr, nämlich die Kunst, sich mithilfe der eigenen Gedanken seine Realität zu erschaffen und die Erfüllung seiner Wünsche anzuziehen. »Manifestieren« bedeutet, etwas sichtbar werden zu lassen.

———

Sie und ich manifestieren seit dem Tag unserer Geburt. Vielleicht nicht bewusst, aber wir tun es dennoch. Ich kann mich an zahlreiche Augenblicke in meiner Kindheit erinnern, in denen ich glaubte, magische Kräfte zu besitzen.

In denen ich beobachtete, wie etwas, das ich mir vorgestellt hatte, wieder einmal Wirklichkeit wurde. Konnte ich hellsehen? War ich eine Hexe? Oder hatte ich tatsächlich den Trend der 1990er-Jahre manifestiert, dass man Kleider über Jeans trug?

Das Gesetz der Anziehung und die Manifestation sind mächtige Werkzeuge, die im Zusammenspiel die Veränderung eines ganzen Lebens bewirken können – etwas, womit wir uns in diesem Buch auseinandersetzen werden.

> *»Manifestation ist die Kunst, sich mithilfe der eigenen Gedanken seine Realität zu erschaffen und das, was man sich wünscht, anzuziehen.«*

Die Geschichte des Manifestierens

*Ein Blick auf die Ursprünge des Manifestierens
zeigt uns, dass alternative Lehren und Theorien
über die Macht unserer Gedanken schon seit
Jahrhunderten existieren.*

Der Begriff »Gesetz der Anziehung« tauchte in der Literatur um 1870 auf, als die russische Okkultistin Helena Blavatsky von einer Verbindung zu Geistern sprach. Auch die Neugeist-Bewegung Anfang des 19. Jahrhunderts und alte religiöse Lehren vertraten die Überzeugung, dass das, was wir in die Welt setzen, zu uns zurückkehrt.

Im 20. Jahrhundert vertieften Denker und Denkerinnen wie Napoleon Hill (*Denke nach und werde reich*), Norman Vincent Peale (*Die Kraft des positiven Denkens*) und Louise Hay (*Gesundheit für Körper und Seele*) das spirituelle Konzept, auf dem das Gesetz der Anziehung beruht.

Die Welt der Manifestationen allgemein bekannt machte die Autorin und Fernsehproduzentin Rhonda Byrne, Schöpferin des Dokumentarfilms *The Secret – Das Geheimnis* und des gleichnamigen Buchs, das als Synonym für das Gesetz der Anziehung gilt. Wenn etwas scheinbar Alternatives wie *The Secret* auf Netflix gezeigt wird, hat es wohl das Potenzial, zum Kult erhoben zu werden.

Dieser Durchbruch in den konventionellen Medien eröffnete plötzlich unzähligen Menschen den Zugang zu einer andersartigen und positiveren Denkweise. Auch hörte man Geschichten darüber, wie bekannte Persönlichkeiten die Kraft der Manifestation nutzten.

Die Talkshow-Moderatorin und Schauspielerin Oprah Winfrey beispielsweise sprach oft darüber, wie das Manifestieren ihr Leben bereichert hat. Am beeindruckendsten war die Geschichte, wie sie 1985 zu ihrer Rolle in der Verfilmung von Alice Walkers Buch *Die Farbe Lila* kam. Nachdem sie das Buch gelesen hatte und davon tief berührt gewesen war, wünschte sich Winfrey aktiv eine Rolle in der Verfilmung. Eines Tages rief eine Casting-Agentur bei ihr an, um sie zum Vorsprechen für einen Film einzuladen: *Die Farbe Lila*, wie sich herausstellte. Monate vergingen. Winfrey betete und fokussierte sich darauf, zu akzeptieren, was immer das Universum für sie bereithielt. Doch es tat sich nichts, sodass sie schließlich ihre Bemühungen, das Geschehen zu beeinflussen, vollkommen aufgab. Und dann kam doch der Anruf von Steven Spielberg, der Regisseur bot ihr eine Rolle in dem Film an.

Der Schauspieler Jim Carrey erzählte, dass er 1985, als er noch unbekannt war und seine Hollywoodkarriere noch nicht begonnen hatte, einen Scheck über zehn Millionen Dollar auf sich selbst ausstellte. Er datierte den Scheck zehn Jahre in die Zukunft und gab ihn dann in seine Brieftasche. Ob es nun reiner Zufall war oder eine verblüffende Geschichte über die Macht des Universums – genau zehn Jahre später, 1995, erhielt Carrey eine Rolle in *Dumm und Dümmer*, für die er, Sie ahnen es, eine Gage von zehn Millionen Dollar bekam.

Vielleicht denken Sie, dass Sie dann ja nur an dieser magischen

Manifestationslampe zu reiben brauchen – und schon erscheint ein Flaschengeist und erfüllt all Ihre Wünsche.

Ja und nein. Zwar gehört der Flaschengeist in die Geschichten aus *Tausendundeine Nacht*, aber Sie selbst können tatsächlich durch Manifestation Ihre Träume Realität werden lassen, indem Sie sie bewusst annehmen. Wenn »bitten, glauben, empfangen« jedoch so einfach wäre, bräuchte es dieses Buch nicht. Jedem Menschen auf der Erde würde jeder Wunsch erfüllt und wir würden in dauerhaftem Überfluss leben.

Allerdings sind sich viele noch immer nicht der wahren Macht ihrer Gedanken bewusst, daher ist dem nicht so. Millionen Menschen auf der ganzen Welt beherrschen zwar die Kunst der Manifestation und ziehen Liebe, Glück, Reichtum und Gesundheit an, für alle anderen aber ist dieses Konzept immer noch unvorstellbar oder wird als Unsinn abgetan.

Die Gesetze des Universums

Wer verstehen möchte, wie Manifestation auf spiritueller Ebene funktioniert, befasst sich zunächst einmal mit den Gesetzen des Universums. Das Gesetz der Anziehung ist in diesem Buch der Leitstern, aber es gibt noch weitere universelle Gesetze, die sich wie unsichtbare Fäden durch das Gewebe unseres Lebens ziehen.

Nach dem *Gesetz der Einheit* sind wir im Universum alle eins, miteinander verbunden durch eine unendliche Kraft. Diese kann als Lebewesen, Natur oder Energie angesehen werden. Das Gesetz der Aktion zeigt sich in Abläufen wie diesem: Pflanzen erzeugen Sauerstoff, den die Menschen zum Leben brauchen, diese wiederum atmen Kohlendioxid aus, von dem die Pflanzen leben. Und unser Körper trägt nach dem Tod zu üppigem Wachstum bei. Wir alle sind in der göttlichen Einheit miteinander verbunden und jede Entscheidung, die wir treffen, breitet sich wellenartig in der Welt aus.

Man bekommt zurück, was man in die Welt setzt, dies besagt das *Gesetz des Ausgleichs*. Die Redewendung »Man erntet, was man sät« bringt das auf den Punkt.

Mit dem *Gesetz des Rhythmus* hält uns das Universum vor Augen, dass alles vergeht und sich das Leben in Zyklen ereignet. Die Jahreszeiten ändern sich, während die Zeit voranschreitet, von einem Moment zum anderen. Darin steckt ein wunderbarer Trost für diejenigen, die gerade eine schwierige Phase durchleben.

Dem *Gesetz der Anziehung* zufolge ziehen wir durch die Kraft unserer Gedanken und Energie das an, was wir glauben. Ergänzt wird dies durch ein weiteres universelles Gesetz, das *Gesetz der Schwingung*. Alles um uns herum, auch dieses Buch und Ihr Körper, besteht aus Energie, die mit unterschiedlichen Geschwindigkeiten schwingt, auch wenn es sich scheinbar um ruhende oder feste Materie handelt. Laut dem Gesetz der Anziehung ziehen wir mit der Frequenz, in der wir schwingen, genau diese Frequenz wie ein Magnet an.

Hochfrequente Radiowellen

Indem wir eine bestimmte Frequenz abgeben, stimmen wir uns auf ähnliche Frequenzen ein – so, als würden wir unseren Lieblingsradiosender einstellen. Was hier wirkt, nennen wir vereinfacht Radiowellen. Und wie kontrollieren wir unsere Schwingungsfrequenz? Durch die Macht unserer Gedanken.

Empfinden wir Gefühle wie Dankbarkeit, Freude, Aufregung und Optimismus, schwingen wir in einer hohen Frequenz und unsere Energie steigt. Befinden wir uns dagegen in einem schlechten Gemützustand und spüren Ärger, Groll, Frustration, Schuld oder Sinnlosigkeit, ist unsere Schwingungsfrequenz niedrig.

Haben Sie schon bemerkt, dass Sie, wenn Sie bester Laune sind, andere Menschen mit ähnlicher Stimmung anziehen, die Dinge im Fluss scheinen und kleine Glücksmomente wie ein freier Parkplatz oder der Geldfund in einer alten Handtasche den Tag ein wenig leichter machen? In solchen Augenblicken sind Sie auf hochfrequente Radiowellen eingestimmt.

Am anderen Ende der Skala erscheint alles viel mühsamer, etwa bei schlechter Laune, weil Sie mit dem falschen Fuß aufgestanden sind, Zahnpasta im Badezimmer verteilt oder sich den Ellbogen an einer Schublade angestoßen haben. Sind wir in negativer Gemütsverfassung, schwingt unser Körper auf einer niedrigeren Frequenz, wir ziehen Menschen und Situationen mit derselben Schwingung an.

Wie aber können wir unsere Gefühle regulieren, um unsere Schwingung zu verändern? Durch die Kraft unserer Gedanken. Doch auch die positivsten Gedanken helfen nicht, wenn Sie nicht auch die Gewohnheiten und Denkweisen ändern, die Ihr Unterbewusstsein beherrschen. Das erklärt, warum es nicht ohne Weiteres funktioniert, die eigenen Träume zu verwirklichen, indem man einfach das Universum bittet und positiv denkt. Der erste Schritt besteht darin, die einschränkenden Überzeugungen, die Ihr Unterbewusstsein formen, zu ändern.

Ja, wir können bitten. Aber wenn wir nicht glauben, wie sollen wir dann empfangen können?

Die gute Nachricht: In den folgenden Kapiteln finden Sie vielfältige Werkzeuge und Tipps, wie Sie sich die Macht Ihres Unterbewusstseins erschließen und die Kräfte des bewussten Manifestierens nutzen können.

Nehmen Sie zum Beispiel mein Buch. Ich glaube daran, dass ich die Chance manifestiert habe, es zu schreiben. Schon als Siebenjährige erklärte ich meinen Eltern, dass ich »Buchmacherin« werden wolle, wenn ich groß sei. (Damit meinte ich, dass ich Bücher schreiben wollte. Meine Eltern lachten, weil sie dachten, ich wolle meinen Lebensunterhalt mit Sportwetten verdienen.) Und vor einigen Jahren schrieb ich in den sozialen Medien, dass ich eines Tages – mithilfe des Universums – einen Verlagsvertrag bekommen würde.

Ich habe dieses Buch manifestiert, auch wenn ich keine Ahnung hatte, wie und wann es Realität werden würde. Ich kam dem Universum entgegen, indem ich Texte im Internet veröffentlichte, fest daran zu glauben lernte, dieses Projekts würdig zu sein, die freudige Aufregung bei dem Gedanken daran spürte, mein Buch weltweit in den Regalen der Buchhandlungen zu sehen. So zog ich die Chancen an, es geschehen zu lassen.

Manifestieren bedeutet zu überlegen, was Sie wirklich wollen, die höhere Macht des Universums zu bitten, bei der Verwirklichung dessen zu helfen, und Wege zu suchen, eine Absicht harmonisch durch Gelegenheiten, Menschen, Orte und Handlungen eintreten zu lassen. Es heißt zu glauben, dass Ihre Manifestation bereits da ist und nur darauf wartet, von Ihnen im passenden Moment angezogen zu werden.

SCHRITT
1
Das Ich der Zukunft visualisieren

Hören Sie den Ruf Ihrer Seele? Auf diese Frage folgt
entweder eine von Herzen kommende Antwort –
oder ein leerer Blick von Menschen, die sich fragen,
ob sie überhaupt eine Seele haben. Und wenn ja,
warum sie nicht zu ihnen spricht. Bevor wir uns
damit beschäftigen, wie wir uns die Magie der
Manifestation aneignen können, möchte ich
daher über die Macht des jetzigen Ichs
über das zukünftige Ich sprechen.

Das Selbst verwirklichen

*Der Prozess, sich mit seinem höchsten Selbst zu
verbinden – die Version des Selbst, die das eigene
Potenzial höchster Freude voll ausschöpft –, ist
nicht einfach. Aber ganz sicher lohnenswert.*

Lassen Sie mich vorab klarstellen, dass die derzeitige
Version von Ihnen genau die ist, die Sie gerade sein
sollen. Mit meiner Arbeit und diesem Buch möchte
ich Sie niemals veranlassen zu überlegen, was nicht in
Ordnung ist. Vielmehr will ich es Ihnen ermöglichen,
sich Raum zu schaffen, um zu erkennen, welche
Aspekte Ihres Lebens Sie verstärken möchten –
wo Sie die Schwingung erhöhen und was Sie in der
positivsten Weise verändern möchten.

Sie verdienen es, morgens voller Freude aufzuwachen – in Einklang mit Ihrem höchsten Selbst.
Hinweis: Das Wort »Einklang« wird Ihnen als
Synonym für Manifestieren in diesem Buch häufig
begegnen. Sind Sie im Einklang, verspüren Sie in
allen Lebensbereichen Harmonie zwischen Ihrer
seelischen Bestimmung (siehe Seite 29 bis 33) und
Ihrem Tun. Sind Sie ängstlich, unruhig, müde
oder reizbar oder haben das Gefühl, dass etwas
nicht stimmt, sind Sie spirituell nicht im Einklang.

»Sie verdienen ein Leben, in dem Sie morgens voller Freude aufwachen.«

Veränderungen begrüßen

Das eigene Leben so zu gestalten, dass wir es lieben, hat nichts mit toxischer Positivität zu tun. Keinesfalls möchte ich die Art Glücksgefühl vermitteln, bei dem wir ständig wie auf Rosen gebettet sind und süßer Vogelgesang uns auf dem Weg zur Arbeit begleitet. Es geht darum, unser Denken so zu verändern, dass wir uns neuen Möglichkeiten öffnen, die unsere Tagträume in greifbare Realität rücken.

Viele von uns leiden unter den tagtäglichen Routinen und fühlen sich wie in einem Hamsterrad. Wir erkennen nicht, was wir in unserem Leben verändern könnten und was uns wirklich glücklich machen würde, weil unser Denken vom Alltagstrott in Beschlag genommen wird.

———

Ich kann das sehr gut nachvollziehen, weil ich fast ein Jahrzehnt lang mit diesem Gefühl gelebt habe. Ich erinnere mich, wie ich auf dem Weg zur Arbeit fluchte, weil ich täglich so viel Zeit im Stau verlor, wie mich meine Aufgaben belasteten, Abgabetermine mich stressten und ich mich über mich selbst ärgerte, weil ich die Schlummertaste gedrückt hatte, statt sofort aufzustehen. Wie ich dachte: Ist das alles? Geht das für den Rest meines Lebens so weiter?

Ich hatte das Gefühl, dass meine negativen Gedanken außer Kontrolle gerieten und mein Körper auf einer sehr niedrigen Frequenz vibrierte. Ich konnte nicht einmal mehr die schönen Dinge im Leben sehen, geschweige denn wertschätzen. Schlimmer noch: Ich tat nichts, um daran etwas zu ändern.

In Wahrheit scheuen viele von uns davor zurück, ihr eintöniges und vorhersehbares Leben aufzugeben, weil es, wenn auch nicht erfüllend, bequem ist. Und unser Gehirn mag es nun mal, in seiner Komfortzone zu bleiben. Stets bestrebt, Energie zu sparen, kehrt es immer wieder möglichst schnell in seinen Standardmodus zurück. Es ist darauf ausgelegt, alles zu rationalisieren – auch gute und schlechte Gewohnheiten, für die es im limbischen System (dem Teil des Gehirns, der Erinnerungen, Emotionen, Gewohnheiten und Verhaltensweisen verarbeitet) auf automatische Wiederholung stellt.

Unser Gehirn nimmt in jeder Minute Millionen von Informationen auf und filtert jede einzelne danach, ob sie nützlich ist oder nicht und ob der Kampf-oder-Flucht-Modus aktiviert werden muss. Seine wichtigste Aufgabe besteht darin, uns zu schützen. Deshalb fallen uns positive Veränderungen anfangs oftmals so schwer. Unser Gehirn soll sich verändern, aber sein erster Impuls ist Gegenwehr. Allerdings lässt sich das Unterbewusstsein durch neue Überzeugungen und Gewohnheiten umprogrammieren. Und genau jetzt ist der beste Zeitpunkt, um Geist, Körper und Seele zu verändern.

Wir Menschen, die aktuell auf der Erde leben, waren niemals zuvor mit so vielen Unsicherheiten zur gleichen Zeit konfrontiert: Klimawandel, Krieg, Lockdowns weltweit, Wirtschaftskrisen, instabile Arbeitsmärkte. Kein Wunder, dass der Gedanke daran, die Komfortzone zu verlassen, den Verstand überfordert. Aber uns stehen auch mehr Wege offen.

Wir haben mehr Zugang, mehr Chancen. Das Gute an der heutigen Unsicherheit sind die Möglichkeiten, die sie bietet. Doch um uns wirklich auf die damit verbundene Energie einzulassen, müssen wir uns selbst wahrnehmen und präsent sein.

Fragen Sie sich: Leben Sie ein Leben und eine Version von sich, die durch die Vorstellungen von Gesellschaft, Freunden und Familie bestimmt sind?

Nur allzu leicht lassen wir das in unser Leben, was andere von uns erwarten. Vielleicht haben Sie ein Fach nur studiert, weil Ihre Eltern es wollten. Oder Sie haben sich in einer unerfüllten Beziehung eingerichtet, weil Sie nicht der einzige Single in Ihrer Umgebung sein wollen. Vielleicht befinden Sie sich derzeit in einem toxischen Arbeitsumfeld und träumen davon, eines Tages Ihr eigenes Unternehmen zu führen, aber die Überlegung, was andere sagen, verursacht so viel Widerstand, dass Sie davor zurückschrecken.

Ohne sich dessen bewusst zu sein, haben Sie diese Situationen durch Ihre Gedanken, Verhaltensweisen und Handlungen erzeugt. Die gute Nachricht? Mit den Lehren der Manifestation können Sie jetzt ganz bewusst eine neue Realität anziehen.

Acht-Linien-Übung

Die erste Übung in diesem Buch hilft Ihnen herauszufinden, welche Lebensbereiche Sie positiv verstärken möchten. Zeichnen Sie acht Linien und schreiben Sie unter diese in gleichmäßigen Abständen die Zahlen 1 bis 10. Jede Linie dient als Skala für die folgenden acht Bereiche, mit denen Sie sich nach und nach befassen.

Familie + Freunde: Wie zufrieden sind Sie mit den Beziehungen in Ihrem Leben – zu Ihrer Familie, in Ihrem Freundeskreis – und mit Ihrer Kommunikation mit anderen?

Liebe: Wie fühlen Sie sich aktuell mit der Liebe – sowohl in einer Partnerschaft als auch zu anderen Menschen – in Ihrem Leben? Haben Sie schon eine seelenverwandte Person getroffen? Sind Sie sexuell zufrieden? Ist Ihre Kommunikation verbesserungsbedürftig? Sehnen Sie sich nach mehr Abenteuer?

Gesundheit + Wohlbefinden: Wie fühlen Sie sich in Bezug auf Ihr körperliches und geistiges Wohlbefinden? Überlegen Sie, wie viel Sie sich im Lauf eines Tages bewegen, wie Ihre Stimmungen sind, wie

Markieren Sie auf jeder Linie, wie zufrieden Sie sind – 1 bedeutet überhaupt nicht zufrieden, 10 bedeutet maximale Zufriedenheit.

Sie werden nun deutlich sehen, mit welchen Bereichen Ihres Lebens Sie zufrieden sind und an welchen Sie arbeiten sollten. Keine Sorge, wenn Sie die meisten Kreuze am unteren Ende der Skala gesetzt haben – dies anzuerkennen ist der erste Schritt zur Veränderung.

1   2   3   4   5

viel frische Luft Sie bekommen, wie viel Energie Sie an einem durchschnittlichen Tag haben und wie gut Sie schlafen.

Persönliche Entwicklung: Welche Bedeutung räumen Sie Ihrer persönlichen Entwicklung ein? Möchten Sie sich mehr Zeit zum Lesen oder zur Weiterbildung zu bestimmten Themen nehmen? Wünschen Sie sich in einem bestimmten Lebensbereich ein Coaching? Wie zufrieden Sie mit dem derzeitigen Stand Ihrer persönlichen Entwicklung?

Karriere: Sind Sie glücklich in Ihrem Job? Möchten Sie sich eines Tages selbstständig machen? Welche Aufgaben in Ihrem Beruf erfüllen Sie am meisten und wie steht die Waage im Hinblick auf die schwer zu realisierende Work-Life-Balance?

Geld: Wie stehen Sie zu Ihrem Einkommen, Ihren Ausgaben? Was würden Sie mit dem Geld, das Sie anziehen, tun? Wie fühlen Sie sich in Ihrer derzeitigen finanziellen Situation?

Umgebung: Wie geht es Ihnen in Ihrer Umgebung? An Ihrem Wohnort, in Ihrem Zuhause, mit Ihrer Nachbarschaft und allen, mit denen Sie zusammenleben?

Spiritualität oder Religion: Fühlen Sie sich mit Ihrer Religion so verbunden, wie Sie es sich wünschen? Wenn Sie spirituell sind – haben Sie Zeit, weiter daran zu arbeiten? Welche Glaubenssätze haben Sie, welche spirituellen Praktiken und was davon bereitet Ihnen am meisten Freude?

6   7   8   9   10

Erkennen Sie Ihre Seelenziele

Kommen wir nun zu den Seelenzielen. Anders als hochgesteckte Wünsche, die mit sichtbarem Erfolg nach außen zu tun haben – etwa mit einem sechsstelligen Gehalt an der Spitze der Karriereleiter oder eine Designertasche, die wegen ihres Images gefällt – nähren diese die Seele.

Seelenziele sind nicht von finanziellem oder materiellem Wert. Sie werden nicht von unserem Ego angestrebt, das uns antreibt, etwas zu erreichen, damit die Gesellschaft uns bestätigt, dass wir für eine Person unseres Alters auf dem richtigen Weg sind.

Das Problem bei Zielen: Wir setzen sie uns oft mit der Absicht, nach deren Umsetzung das Glück am Ende des Regenbogens zu finden. Aber es gibt kein Ende und unser Glück ist flüchtig, sodass wir immer wieder neue Ziele formulieren. Wir verbringen unser Leben damit, dem nächsten großen Ding, dem nächsten Nervenkitzel nachzujagen. Aber was die Seele nicht nährt, trägt allenfalls vorübergehend.

Mein Ziel war es, vor meinem 30. Lebensjahr Redakteurin einer Zeitschrift zu werden, im Alter von 25 Jahren hatte ich das erreicht. Zunächst glaubte ich, auf dem Gipfel meiner Karriere angekommen zu sein. Aber das Gefühl war nicht von Dauer. Mit den Jahren hatte ich immer mehr den Eindruck, zwar dort, aber innerlich leer zu sein. Erst als das Universum mich dazu brachte, ein Unternehmen aufzubauen und Manifestation zu lehren, leuchtete meine Seele richtig auf. Oder besser gesagt: Sie explodierte wie eine Feuerkugel.

Ein Seelenziel muss nicht der Lebenssinn sein. Es muss keine 180-Grad-Wende in der Karriere bedeuten, keinen kompletten Umbruch. Es kann einfach das Bedürfnis sein, zu reisen und die Welt zu erkunden. Oder der Wunsch nach einem harmonischen, ausgeglichenen Leben voller Musik, Lachen und Glück. Oder für jemand anderen zu arbeiten und sich ein Zuhause zu schaffen, in das man nach der Arbeit oder der Schule gern zurückkehrt. Oder anderen etwas beizubringen, das man sich selbst angeeignet hat.

Fragen Sie sich: Möchte ich etwas in mein Leben holen, um innerlich Glück zu empfinden oder um von außen bestätigt zu werden? Ich frage meine Coaching-Klienten oft: Würden Sie das auch wollen, wenn Sie es nicht in den sozialen Medien teilen könnten? In unserer heutigen Gesellschaft, die von dem Bedürfnis geprägt ist, von Fremden online gesehen, gemocht und bestätigt zu werden, kann es sich lohnen, sich dies ständig zu fragen.

> *»Wenn Sie etwas nicht in den sozialen Medien teilen könnten, würden Sie es dann immer noch wollen?«*

Klarheit über die Seelenziele gewinnen

Zu erkennen, wie das eigene Leben aussehen und sich anfühlen soll, kann schwierig sein, wenn Sie gerade mit der persönlichen Entwicklungsarbeit beginnen. Mit drei Techniken können Sie sich auf die Energie dieser Erkundung einlassen.

Verantwortung übernehmen

Klarheit kommt nicht von allein, Voraussetzung ist, dass Sie Verantwortung für sich selbst übernehmen. Selbsterkenntnis ist die beste Freundin der persönlichen Entwicklung. Auf den nächsten Seiten finden Sie Anregungen für Ihr Tagebuch, die Ihnen dabei helfen, Gedanken, Widerstände und Träume zu erkennen, die vielleicht unter der Oberfläche verborgen liegen.

Experimentieren

Keine Angst vor dem Erkunden und Experimentieren. Klarheit stellt sich nicht ein, wenn Sie darauf warten, dass Ihnen das Richtige in den Schoß fällt. Probieren Sie verschiedene Ziele aus, bis Sie das für sich richtige finden. Keine Angst vor Irrwegen! Ihre Vorlieben ändern sich im Lauf der Zeit. Seien Sie also nachsichtig mit sich, wenn Sie das, was Sie vor einem Jahr wollten, jetzt nicht mehr wollen. Das Universum lässt Sie niemals im Stich, es wird Ihnen allerdings helfen, etwas zu lernen oder einen Segen anzunehmen.

Erkennen, wer oder was Sie abhält

Umgeben Sie sich mit Menschen, die nicht zu Ihrem zukünftigen Ich passen? Betäuben Sie sich mit Essen, Alkohol oder anderen Suchtmitteln? Lenken Sie sich mit Netflix, YouTube oder Videospielen ab?

Es gibt Dinge, die uns daran hindern, Klarheit darüber zu gewinnen, was wir wollen. So schwer uns ein Verzicht auf diese Ablenkungen anfangs auch fallen mag – er ist nötig, damit wir unsere innere Führung besser erkennen.

Nur Sie selbst wissen, was Sie sich für Ihr zukünftiges Ich wirklich wünschen. Halten Sie sich das stets vor Augen.

Stärken Sie Ihre Manifestations-Magie, indem Sie Tagebuch schreiben

Sie wollen Ihre Seelenziele finden? Machen Sie es sich in einem ruhigen Augenblick bequem und schreiben Sie Ihre Antworten auf diejenigen Fragen, die Sie ansprechen, in ein Tagebuch.

• Sind Sie mit Ihrer beruflichen Situation zufrieden? Wenn nicht, warum?

• Was würden Sie ändern, wenn es für Sie keinerlei Einschränkungen gäbe?

• Wie verbringen Sie Ihre Tage in Ihren Träumen?

• Was würden Sie beruflich anders machen, wenn Sie garantiert Erfolg damit hätten?

• Welche kleinen Veränderungen können Sie heute vornehmen, um glücklicher zu sein?

• Wie fühlen Sie sich angesichts von Konkurrenz?

• Wofür sind Sie im Moment beruflich dankbar?

• Wann sind Sie am produktivsten?

• Welche Werte suchen Sie bei einem Partner?

• Welche Menschen bedeuten Ihnen am meisten und wie können Sie ganz bewusst Zeit mit ihnen verbringen?

• Welche einschränkenden Glaubenssätze kommen Ihnen in den Sinn, wenn Sie an die Ihnen seelenverwandte Person denken?

• Wie können Sie diese Dinge umschreiben?

• Wem müssen Sie verzeihen?

• Wie können Sie sich selbst mehr lieben?

• Wann sind Sie in einer Beziehung am glücklichsten?

• Beschreiben Sie ein romantisches Rendezvous Ihrer Träume.

• Wie können Sie mehr Liebe in Ihr Leben einladen?

• Beschreiben Sie die Idealvorstellung von Ihrem Leben. Welche drei Maßnahmen bringen Sie der Umsetzung dieser Vision näher?

• Woran denken Sie vor dem Einschlafen?

• Wie haben Sie sich in letzter Zeit selbst stolz gemacht?

• Welche fünf Dinge können Sie weniger oft tun?

- Was vermissen Sie?

- Wann fühlen Sie sich am selbstsichersten?

- Was würden Sie tun, wenn heute Ihr letzter Tag wäre?

- Wo wären Sie jetzt, wenn Sie an jedem Ort der Erde sein könnten?

- Was würden Sie gerne sehen, wenn Sie aus dem Fenster schauen?

- Welche positiven Veränderungen in Ihrer häuslichen Umgebung können Sie vornehmen?

- Wofür in Ihrer häuslichen Umgebung sind Sie im Augenblick am dankbarsten?

- Was verursacht Ihnen zu Hause Stress und was können Sie dagegen tun?

- Was würde dazu beitragen, Ihr Zuhause entspannender zu machen?

- Beschreiben Sie, wie Ihr Traumhaus aussehen würde, wenn nichts Sie einschränken würde.

- Was leistet Ihnen zu Hause keine Dienste mehr?

- Fühlen Sie sich wirklich zu Hause?

- Welche Überzeugungen hatten Ihre Eltern in Bezug auf Geld?

- Von welchem monatlichen Einkommen träumen Sie?

- Beschreiben Sie Ihre Beziehung zu Geld in fünf Worten.

- Wie möchten Sie sich in Bezug auf Geld fühlen?

- Hängt Ihr Selbstwertgefühl davon ab, wie viel Geld Sie verdienen?

- Beurteilen Sie andere danach, wie viel Geld sie haben?

- Was ist Ihre größte Angst im Zusammenhang mit Geld?

- Wenn Sie unbegrenzt Geld hätten, was würde sich ändern?

- Listen Sie alle Wege auf, über die Ihnen Geld zufließen könnte.

SCHRITT
2
Intentionen setzen

Die Formulierung »Intentionen setzen« ist Ihnen vielleicht vertraut. Neben der »Achtsamkeit« und der »Fülle« hat sich das, was dahintersteckt, in der New-Age-Spiritualität zu einem Trend entwickelt. Ursprünglich bedeutete es, einem Leben eine Richtung zu geben.

Seelenziele versus Intentionen

In diesem Kapitel geht es um die Kunst, eine Absicht zu formulieren. Wir lassen den spirituellen Aspekt beiseite und wenden uns der Strategie zu.

Betrachten wir zunächst den Unterschied zwischen Intention und Seelenziel (siehe Seite 29 bis 33). Stellen Sie sich vor, Sie gehen auf eine Reise. Das Ziel ist Ihr Seelenziel und die von Ihnen formulierten Absichten sind Ihre Karte, mit der Sie fokussiert und schnell ankommen. Legen wir Absichten fest, können wir unsere Seelenziele direkt ansteuern, statt orientierungslos auf das Beste zu hoffen. Ein Seelenziele könnte zum Beispiel sein, berufliche Erfüllung zu finden, während Ihre Absicht die Manifestation einer neuen Position, einer Beförderung oder eines neuen Teams ist.

———

Stellen Sie sich Ihr Seelenziel als den Ort vor, an dem Sie ankommen möchten, Ihre Absicht nutzen Sie als Navigationsgerät. Mit Letzterer teilen Sie dem Universum mit, was Sie in Ihr Leben holen möchten. Während sich bei der Arbeit, die wir im vorigen Kapitel geleistet haben, unser Blick nach innen richtete, ist es nun an der Zeit zu überlegen, welche konkreten Dinge Sie manifestieren möchten.

Das Ziel dieses Buches besteht darin, Menschen in ihren natürlichen Glückszustand zurückführen, sodass sie sich von dem Bedürfnis nach Bestätigung von außen befreien können. Jedoch möchte ich materielle Wünsche nicht schlechtmachen, das Bedürfnis nach greifbaren Dingen ist vollkommen natürlich und sollte gewürdigt werden.

Verbindungen schaffen

Moderne Manifestation lässt sich als Mischung aus Spirituali-tät, Seelenkunde und Wissenschaft definieren. Es geht darum, Grundsätze der Neurowissenschaft zu verstehen. Und darum, zu erkennen, wie eine positive Absicht Denkmuster verändert, die wiederum das Verhalten und das tägliche Handeln verändern, um ein erfülltes Leben im Einklang mit der Seele zu gestalten.

Wenn Sie einen Vorsatz fassen, legt ein komplexes Nervengeflecht aus grauer und weißer Substanz (die Retikulärformation) im Hirnstamm fest, worauf es sich konzentriert. Es filtert alle Information heraus, die für das angestrebte Ziel nicht relevant sind. Deshalb sehen Sie zum Beispiel auf den Straßen plötzlich überall das Automodell, für das Sie sich gerade entschieden haben. Oder Sie hören es, wenn jemand in einer Menschenmenge Ihren Namen ruft.

———

Wenn Sie Geist, Körper und Seele nicht auf Ihre Intention aus-richten, steht zwischen Ihnen und Ihrem Ziel immer eine Art energetische Barriere. In ihrem Buch *Die Quelle: Wie unser Denken unser Schicksal beeinflusst. Bahn-brechende Erkenntnisse über die erstaunliche Kraft unserer Gedanken*, das im Jahr 2019 auf Deutsch erschienen ist, befasst sich die Neurowissenschaftlerin und Psychiaterin Tara Swart mit dem Zielpunkt unserer Absicht. Sind Sie vollkommen im Einklang mit Ihrem Ziel und wissen Sie zudem, warum Sie es anstreben, dann arbeiten Ihre Intuition, Ihre tiefsten Gefühle und Ihr rationales Denken Hand in Hand statt gegeneinander. Wie Swart erklärt, ist es fast unmöglich, die eigenen Ziele zu erreichen, wenn diese drei Dimensionen nicht harmonieren. Wir halten Kopf, Herz und Bauch oft für getrennte Einheiten – wie oft haben Ihr Herz und Ihr Ver-stand bei einer schwierigen Ent-scheidung schon miteinander gerungen? Doch tatsächlich gewinnt die Wissenschaft immer mehr neue Erkenntnisse über den Zusammenhang zwischen unseren Gedanken, unseren Gefühlen und unserem Körper.

Eine Frage der Genauigkeit

Wenn es um unsere Ziele geht, sorgt eine Frage oft für Verunsicherung: Wie genau soll wir sie formulieren?

Spirituelle Gurus und führende Köpfe, die sich mit dem Gesetz der Anziehung befassen, sagen oft, dass das Universum es am besten weiß und uns bringt, was wir am meisten brauchen. Das ist sicher richtig (und wird gleich diskutiert), aber wie kann das Universum dies wissen, wenn Ihre Absicht vage bleibt?

———

Es verläuft ein schmaler Grat zwischen dem Abrufen dessen, was Sie manifestieren möchten, und der Fähigkeit, den Wunsch loszulassen und zu verstehen, dass er genau in der Form und zu dem Zeitpunkt kommen wird, wie er soll – selbst wenn das Ergebnis nicht so aussieht, wie Sie es sich anfangs vorgestellt haben. Das Universum hat nur drei mögliche Antworten auf Ihre Manifestation:

Ja.

Habe Geduld.

Ich habe noch etwas Besseres.

Gut ist es aber, wenn Sie dem Universum zumindest einen Hinweis geben, was Sie anziehen möchten. Und hier kommt die Genauigkeit ins Spiel. Sie könnten zum Beispiel mehr Geld in Ihr Leben holen wollen und schon am nächsten Tag zehn Cent auf der Straße finden. Dieses Centstück auf dem kalten, harten Boden bedeutet mehr Geld. Aber wir beide wissen, dass Sie sich wahrscheinlich etwas anderes vorgestellt haben. Daher sollten Sie einen bestimmten Betrag festlegen, den Sie manifestieren möchten, und die Frage loslassen, wie und wann er ankommen wird.

In den letzten fünf Jahren habe ich verschiedene Geldbeträge in meinem Leben manifestiert und festgestellt, dass das Wie und Wann oft unerwartet war: Erstattungen von der Bank, ein plötzlich zurückgezahlter Kredit, Projekte mit einem viel höheren Budget als erwartet, Wettbewerbsgewinne – die Art und Weise, wie ich Geld anziehe, ist für meine Freunde und meine Familie zum Quell der Belustigung geworden.

Vielleicht wünschen Sie sich eine berufliche Beförderung oder ein neues Auto. Mehr Geld auf dem Sparkonto oder die Chance, dass Ihr Unternehmen in der Presse vorgestellt wird. Oder Sie formulieren die Absicht, eine seelenverwandte Person zu treffen oder endlich das Strandhaus Ihrer Träume zu finden.

Nehmen wir zum Beispiel die seelenverwandte Person. Stellen Sie sich lebhaft vor, wie Sie sich in ihrer Gesellschaft fühlen, wie Sie Zeit miteinander verbringen, dass sie lustig, gutmütig oder super kommunikativ ist. Überlegen Sie, welche Eigenschaften Ihre Seele (und Sie) in Wallung bringen.

Das genaue Aussehen, wie und wo Sie diese Person kennenlernen und bis wann dies geschehen wird, braucht Sie nicht zu interessieren,

die Kontrolle über diese Dinge überlassen Sie dem Universum. Sonst sind Sie vielleicht auf Dunkelhaarige fokussiert und verpassen die blonde Person, die dort unter den blinkenden Lichtern des Universums steht.

»Wir müssen die Kontrolle an das Universum abgeben.«

Vielleicht suchen Sie schon seit Monaten Ihr Traumhaus und Ihre Wunschliste ist länger als Ihr Arm. Es soll vier Schlafzimmer, eine große Küche und einen Garten haben. Aber was, wenn ein Haus in idealer Lage auftaucht, billiger als erwartet, mit nur drei Schlafzimmern und einem großen Dachboden? Könnte es sein, dass das Universum mit seinem

Zauberstab eine Möglichkeit aufzeigt, die Sie vielleicht nicht gesehen hätten, wenn Ihre Filter aktiv gewesen wären?

Oder Sie sind auf der Suche nach Ihrem Traumjob, sind sich aber nicht sicher, wie der nächste Karriereschritt aussehen soll. Kein Problem: Sie können sich hinsetzen und überlegen, wie Sie sich bei der Arbeit fühlen, wie hoch Ihr Wunschgehalt ist, ob Sie in einem Team oder allein arbeiten, wie Ihre Tage aussehen, ob Sie von zu Hause aus oder in einem Büro arbeiten möchten. Es gibt viele Möglichkeiten, den idealen Job zu visualisieren, ohne zu konkret werden zu müssen.

Verstehen Sie nun, warum es nötig ist zu skizzieren, was Sie manifestieren möchten, damit sowohl Sie als auch das Universum Klarheit haben und sich nicht in Details zu verzetteln brauchen? Andernfalls riskieren Sie, viele der Wege, wie sich Ihr Wunsch erfüllen könnte, auszuschließen.

Ihre kosmische Einkaufsliste

Diese Technik des Manifestierens wird auch
»kosmische Einkaufsliste« genannt. Sie erstellen
sie wie eine Einkaufliste, nur dass Sie statt
Lebensmittel und weitere Vorräte alles das
aufschreiben, womit Sie zukünftig Ihr Leben
füllen wollen.

Bewahren Sie Ihre Liste an einem sicheren Ort auf. Wenn dann das Universum etwas liefert, das Ihrem Wunsch entsprechen könnte, schauen Sie nach, ob Ihre Vision mit dem Erhaltenen übereinstimmt. Bekommen Sie vom Universum etwas Erstaunliches, aber in Ihren Augen nicht ganz Passendes, haben Sie die Gelegenheit, Ihre Manifestation kritisch zu bewerten.

Jedwede Situation, sei es eine Beziehung, die nicht wie erhofft funktioniert hat, ein Hausverkauf, der nicht zustande kam, oder ein Vorstellungsgespräch, das nicht wie erwartet lief, bietet die Chance, die Einträge auf der Wunschliste zu präzisieren.

Neben der Genauigkeit des Wunsches und dem Formulieren einer Absicht ist für das, was wir mithilfe des Universums anziehen möchten, auch unser »Warum« bedeutsam. Wenn wir uns nicht mit uns in Einklang fühlen, liegt das oft daran, dass wir eben dieses »Warum« aus den Augen verloren haben. Also den Grund dafür, dass wir uns einen bestimmten Lebensstil wünschen, ein Unternehmen aufbauen oder unsere Einstellung positiv verändern wollen.

Wenn wir erkennen, warum wir etwas manifestieren wollen, löst dies eine emotionale Reaktion aus, die uns wiederum mit der Energie der Möglichkeit verbindet, dass sich genau dies realisiert. Und was passiert, wenn unsere Energie mit der dessen übereinstimmt, was wir uns wünschen? Wir ziehen es magnetisch an.

Wenn Sie zum Beispiel die Möglichkeit manifestieren wollen, Ihren Vollzeitjob aufzugeben, um Ihr

»Echte Veränderungen werden eintreten, wenn Sie nach innen schauen, statt Bestätigung von außen zu suchen.«

eigenes Unternehmen aufzubauen, ist Ihr Warum von größter Bedeutung. Möchten Sie Menschen helfen? Oder soll es Ihren Kindern an nichts mangeln? Möchten Sie sozial etwas bewirken? Soll jemand, der Ihr Produkt benutzt, dies ruhigen Gewissens tun können? Oder möchten Sie, dass Ihre Kunden selbstbewusst sind und das Gefühl haben, es mit der Welt aufnehmen zu können, nachdem sie Ihre Dienstleistung in Anspruch genommen haben?

Nehmen Sie sich einen Moment Zeit, um nachzudenken, warum Sie das, was Sie sich wünschen, manifestieren wollen. Es muss nicht unbedingt ein alles verändernder, friedensnobelpreisverdächtiger Grund sein. Es gilt: Echte Veränderungen werden eintreten, wenn Sie nach innen schauen, statt Bestätigung von außen zu suchen.

Angst, die eigenen Träume zu benennen

Vielleicht verspüren Sie gerade jetzt ein vertrautes Gefühl. Die Wörter liegen Ihnen auf der Zunge, Sie möchten über Ihre Träume sprechen, aber dennoch schweigen Sie. Über die eigenen Träume zu sprechen fällt vielen von uns schwer.

In diesem Buch kommt Angst öfter vor. Zunächst genügt aber die Feststellung, dass sie ein natürliches, starkes, ursprüngliches Gefühl ist. Sie warnt uns vor Gefahr, vor physischen und psychischen Bedrohungen. Diese primäre Angst ist absolut real – sie versetzt unseren Körper in den Kampf-oder-Flucht-Modus, um zu verhindern, dass wir von einem Tiger gefressen oder von einem Bus überfahren werden.

Die Angst vor Verurteilung, sei es im Internet, in der Arbeit, in der Familie oder im Freundeskreis, ist etwas anderes. Oft befürchten wir, dass wir mit den aufkommenden Gefühlen nicht zurechtzukommen, wenn wir uns aus der Komfortzone herauswagen, häufig verbunden mit dem Risiko zu »versagen«.

Vielleicht möchten Sie Gefühlen wie Scham, Peinlichkeit oder sogar Schuld vorbeugen, die sich zeigen könnten, wenn Sie Ihre Träume ausgesprochen haben, sich diese dann aber nicht automatisch erfüllen. Unser Unterbewusstsein wurde von klein auf darauf programmiert, mit Misserfolgen und Verurteilung zu rechnen – vor allem von außen, aus dem Umfeld, der Eltern und Erziehern und den Medien. Viel größer sollte jedoch die Angst davor sein, wie das Leben verläuft, wenn man nicht seiner wahren Berufung oder seinen Instinkten folgen.

Wenn Sie sich wegen der Urteile anderer sorgen, bedenken Sie: Es gibt immer jemanden, der eine Meinung über Sie hat, ob Sie Ihrer Berufung folgen oder nicht. Die Frage ist, wie es sich anfühlt, sich am Ende des Lebens einzugestehen, sich anderen zuliebe kleingemacht zu haben, statt das eigene Potenzial voll zu entfalten.

Wenn Menschen eine negative Meinung äußern oder schnelle Urteile fällen, tun sie das oft, weil sich im Moment ihre eigenen tiefsten Ängste widerspiegeln und sie blockieren. Es geht also nicht um Sie.

Stärken Sie Ihre Manifestations-Magie mit einem Neumondritual

Wenn Sie dem Universum Ihre Intentionen mitteilen, können Sie mit der Mondenergie arbeiten. Sie ist unglaublich kraftvoll.

Wenn der Mond zu Beginn eines neuen Zyklus in seiner ersten Phase ist, bietet sich die perfekte Gelegenheit, neue Vorsätze für den kommenden Monat zu fassen und alle stagnierenden Energien mit einem Neustart in Bewegung zu bringen. In seiner aus Sicht der Erde dunkelsten Phase erinnert uns der Mond daran, dass es selbst in den lichtlosesten Zeiten neue Möglichkeiten gibt.

Nehmen Sie in Ihre spirituelle Selfcare-Routine ein regelmäßiges Neumondritual auf, um sich bewusst mit dem Universum zu verbinden. In dieser Zeit, die für die Zielsetzung und die Selbstreflexion als höchst kraftvoll gilt, können Sie Ihre Energie neu ausrichten.

Im Folgenden finden Sie sechs Möglichkeiten, um die Energie des Neumonds (der alle 28 bis 30 Tage eintritt) mit einer einfachen Zeremonie zu nutzen und Ihre Intentionen zu unterstützen.

Raum schaffen

Eine unordentliche Umgebung weist oft auf einen ungeordneten Geist hin. Bevor Sie Ihr Neumondritual beginnen, sollten Sie sich zu Hause einen Bereich schaffen, der Ruhe und Behaglichkeit ausstrahlt. Es genügt, wenn Sie Ihr Schlafzimmer herrichten, die Vorhänge zuziehen und eine Kerze anzünden (Ingwer, Sandelholz und Orange sind kraftvolle Düfte für Manifestationsrituale jeder Art, da sie die Energien von Liebe, Selbstwertgefühl und Fülle aktivieren).

Alternativ eignet sich eine einfache spirituelle Selfcare-Ecke in einem Raum Ihrer Wahl mit Sitzsack oder Bodenkissen, Pflanzen, Kerzen und einem kleinen Tisch für Kristalle, falls Sie welche haben.

Indem Sie Zeit und Raum für Ihre Rituale und Routinen schaffen – insbesondere wenn bei Ihnen viel Trubel herrscht –, machen Sie sich bewusst, dass Ihre geistige, körperliche und spirituelle Gesundheit genauso wichtig ist wie die aller anderen.

Reinigen

Reinigen Sie den Bereich, den Sie sich zu Hause geschaffen haben, von negativer Energie. Traditionell wird stagnierende Energie in einem Raum oder um Objekte herum durch das Verbrennen von Weißem Salbei (auch als Räuchern bezeichnet) gelöst.

Seit seine positiven Eigenschaften in den Medien breit gepriesen werden und der Vertrieb über große Handelsplattformen vor sich geht, wird der Weiße Salbei in den USA mancherorts übermäßig geerntet. Inzwischen sind seine Bestände gefährdet – zum Nachsehen der amerikanischen Ureinwohner, auf die das Räuchern mit Weißem Salbei zurückgeht.

Es gibt jedoch gute Alternativen, wie das Räuchern mit Zedern- oder Kiefernholz oder mit getrockneten Lavendelbündeln, den Einsatz von Räucherstäbchen oder das Bewegen einen Selenitstabs durch den Raum, um unerwünschte Energie aufzulösen.

Auf die Atmung achten

Oft verlieren wir in der Hektik des Alltags den Zugang zu unserer Mitte. Nehmen Sie sich dann einige Augenblicke Zeit, um sich auf Ihre Atmung zu konzentrieren – ein wichtiger Bestandteil spiritueller Selbstfürsorge. Schließen Sie die Augen und legen Sie eine Hand auf Ihr Herz. Nehmen Sie den rhythmischen Herzschlag wahr, während Sie viermal tief durch die Nase ein- und durch den Mund ausatmen. Senken Sie die Schultern ab und stellen Sie sich vor, dass Sie dort, wo Sie sitzen, in den Boden einsinken. Spüren Sie, wie Sie sich mit jedem Atemzug mehr und mehr erden und nicht nur mit dem Universum, sondern auch mit Ihrem Körper verbinden. Bewegen Sie dann Ihre Finger und Zehen und heißen Sie das Fließen neuer Energien willkommen.

Die Intentionen für den bevorstehenden Monat niederschreiben

Bevor Sie Ihren Stift aufs Papier setzen, überlegen Sie sich, was Sie im kommenden Monat in Ihr Leben holen möchten. Diese drei Anregungen für Ihr Tagebuch können Ihnen helfen, Ideen zu sammeln:

• Auf welche Ziele möchten Sie hinarbeiten?

• Welche Gewohnheiten möchten Sie in Ihre Alltagsroutine einbauen?

• Welche positiven Veränderungen möchten Sie in den nächsten 30 Tagen vornehmen?

Nehmen Sie sich Zeit zu reflektieren. Denken Sie darüber nach, was Sie in Ihr Leben ziehen wollen. Möchten Sie zum Beispiel mehr in der Natur sein und täglich spazieren gehen? Vielleicht möchten Sie auch Ihre Freundschaften intensivieren und mit drei bestimmten Personen telefonieren, statt Textnachrichten auszutauschen. Oder wünschen Sie sich unternehmerisch mehr Chancen? Sie können sich auch vornehmen, Zeit für die Suche nach potenziellen Kooperationspartnern zu haben.

Hier folgen Beispiele, wie Sie Ihre Intentionen aufschreiben könnten:

Unter der Energie des Neumonds rufe ich die Motivation herbei, dreimal pro Woche spazieren zu gehen, um mich mit der Natur zu verbinden und meine Schwingungen zu erhöhen.

Unter der Energie des Neumonds rufe ich mehr Liebe und positive Energie in meine Freundschaften und die Gelegenheit, diesen Monat gemeinsam schöne Zeit zu verbringen.

Unter der Energie des Neumonds rufe ich unternehmerische Chancen herbei, die mir helfen, mein finanzielles Ziel von XYZ zu erreichen.

Bei einem Neumondritual eine bis drei Intentionen zu setzen erweist sich oft als die goldene Mitte zwischen erreichbar und überwältigend. Legen Sie sich die metaphorische Messlatte zu hoch, kann sehr wohl das Gefühl aufkommen, wieder ganz am Anfang zu stehen, wenn sich nicht nach 30 Tagen Perfektion eingestellt hat. Doch Sie kehren nie wieder an den Anfang zurück, sondern nur an die Stelle, von der aus Sie einen kleinen Umweg gemacht haben. Sie sind Ihren Zielen immer noch näher als zu Beginn Ihrer Reise.

Die Intentionen versiegeln

Halten Sie das beschriebene Papier in der Hand, schließen Sie die Augen und stellen Sie sich einen Moment lang vor, wie die Intentionen in Erfüllung gehen. Was sehen Sie um sich herum in dem Augenblick, in dem Sie wissen, dass Ihre Wünsche dieses Monats erfüllt wurden? Was hören oder sagen Sie? Wie fühlen Sie sich? Aufgeregt? Erleichtert? Glücklich? Fühlen Sie sich einige Augenblicke lang in diese magnetische Energie ein. Genau dies ist der Schlüssel zur Manifestation – das Aktivieren der Gefühle, die Sie haben würden, wenn Ihr Monat genau so verlaufen würde, wie Sie es geplant haben.

Öffnen Sie die Augen und falten Sie das Blatt zu sich hin, um es mit magnetischer Energie zu versiegeln. Platzieren Sie es dort, wo sie schlafen – vielleicht unter Ihr Kopfkissen oder in Ihre Nachttischschublade.

Ein entgiftendes Bad

Zum Abschluss Ihres Neumondrituals und um Ihre Intentionen zu setzen, nehmen Sie ein warmes Bad mit Epsomsalz, um sich vor der nächsten Mondphase zu entgiften und zu reinigen.

Trinken Sie während des Badens Wasser, um hydriert zu bleiben. Schaffen Sie eine entspannte Atmosphäre, indem Sie Ihr Smartphone in einem anderen Raum lassen, Ihre Lieblingskerzen anzünden, Kristalle um die Badewanne herum aufstellen und Ihren Nacken mit einer Handtuchrolle abstützen.

SCHRITT
3

Mit dem Universum verbinden

Wir können auf vielerlei Arten mit dem Universum
kommunizieren. Das Schöne ist, dass Sie dabei so
vorgehen können, wie es Ihnen am meisten entspricht.
Im Alltag haben wir alle einen bevorzugten Weg
des Kommunizierens, dasselbe gilt für die spirituelle
Verbindung und den Energieaustausch. Voraussetzung
dafür ist, dass wir uns Raum geben, damit
wir uns mit einer höheren Quelle
verbinden können.

Verbinden durch Lösen

Wir Menschen sind übersättigt mit Inhalten, Meinungen und Lärm. So ist es kein Wunder, dass es uns immer schwerer fällt, uns mit dem Universum und, noch wichtiger, unserer inneren Führung zu verbinden. Vielleicht ist es an der Zeit, all das mal für einen Moment stummzuschalten?

Zu den größten Saboteuren unserer spirituellen Entfaltung gehören die sozialen Medien, das Internet und unser Telefon. Sie führen nicht nur dazu, dass unsere innersten Wünsche ständig von dem übertönt werden, was andere haben oder wollen, sondern sorgen auch dafür, dass sich unsere Aufmerksamkeitsspanne dramatisch verkürzt – so sehr, dass manchen bei der Vorstellung, das Smartphone zehn Minuten wegzulegen und zu meditieren, der kalte Schweiß auf die Stirn tritt.

»Nur unser innerer Kompass kann uns einen Hinweis geben, was wir erleben möchten.«

Wie verhindert die moderne Technik, dass wir uns mit dem Universum verbinden?

Wenn wir uns ständig mit anderen vergleichen, kann uns das von dem fernhalten, was wir wirklich wollen. Wir arbeiten auf Ziele hin, die andere Menschen erreichen wollen oder die deren Erwartungen entsprechen. Wir hören auf alle anderen, nur nicht auf uns selbst, obwohl uns eigentlich nur unser eigener innerer Kompass sagen kann, wie wir leben möchten.

Diese »Vergleicheritis«, der Zwang, die eigenen Leistungen mit denen anderer zu vergleichen, ist heutzutage ein echtes Problem. Wir wissen, dass die sozialen Medien die Sicht auf die Realität filtern, können uns aber kaum dagegen wehren, unser eigenes Leben ständig an der dort präsentierten Welt zu messen.

———

Fragen wir uns an dieser Stelle, wie oft wir die Kommunikation mit dem Universum verhindern, weil wir mit gesenktem Kopf und tippenden Fingern auf unsere E-Mails und Benachrichtigungen fixiert sind.

Stellen Sie sich das Universum einmal als Freund oder als geliebten Menschen vor. Können Sie erahnen, wie anstrengend es für diese Person wäre, ständig zu versuchen, Sie anzusprechen, während Sie pausenlos mit Ihrem Telefon beschäftigt sind? Oder wenn sie Sie auf eine Überraschung aufmerksam machen wollte, Sie aber alle Zeichen und Hinweise ignorieren, weil Sie auf Instagram sind?

Wie viele von uns greifen morgens als Erstes zum Smartphone, bevor ihre Augen sich an das natürliche Tageslicht gewöhnen konnten? Dies wird zu einem gewohnheitsmäßigen Start in den Tag. Damit setzen wir uns der (oft negativen) Energie der Welt aus, bevor wir darüber nachdenken konnten, wie wir unseren Tag gestalten möchten.

Sie erkennen sich wieder, benutzen Ihr Handy sogar als Wecker? Als ersten Schritt, können Sie sich einen richtigen Wecker kaufen und Ihr Telefon nicht mit ans Bett nehmen. So unterbrechen Sie dieses Verhaltensmuster – den Griff zum Handy sofort nach dem Aufwachen – und ermöglichen sich, Ihr übliches Muster zu ändern.

Wege, sich mit dem Universum zu verbinden

Im Folgenden stelle ich verschiedene spirituelle Techniken vor, um sich mit dem Universum zu verbinden. Finden Sie heraus, was Ihnen am meisten zusagt, und vor allem: Haben Sie Freude am Prozess.

Ein Visionboard erstellen

Die eigenen Träume und Ziele zu visualisieren ist eine unglaublich effektive Methode, um sich bewusst zu machen, was man manifestieren möchte.

———

Dafür gibt es mehrere Möglichkeiten. Die erste ist die gute alte Methode, für das Visionboard Bilder und Wörter aus Zeitschriften auszuschneiden. Ich empfehle, Magazine zu unterschiedlichen Themen zu kaufen, zum Beispiel zu Reisen, Mode, Wellness usw.

So steht Ihnen ein breites Spektrum an Ideen und Bildern zur Auswahl. Sie können auch eine digitale Version mit Bildern von Webseiten wie Pinterest und Google erstellen und als Handy-Bildschirmschoner oder Desktop-Hintergrund abspeichern.

Auch wenn Sie in Ihrem Leben materielle Dinge manifestieren möchten, ist das Wichtigste am Visionboard, dass es die Gefühle in Ihnen hervorruft, die Sie sich wünschen. Verwenden Sie deshalb gern auch abstraktere Bilder, wenn

diese Ihre Zukunft darstellen. Bei den Bildern und Wörtern, die Sie wählen, geht es darum, dass sie Ihnen etwas sagen und bei Ihnen Gefühle mit hoher Energie wie Begeisterung, Optimismus und Glück hervorrufen.

Denken Sie nicht zu viel nach. Auch dann nicht, wenn Sie vielleicht nicht wissen, warum Sie sich zu manchen Bildern hingezogen fühlen. Vertrauen Sie darauf, dass Ihre innere Führung Sie zu dem hinleitet, was Sie suchen – bewusst oder unbewusst.

Wenn Sie reichlich Bilder und Wörter ausgesucht haben, die Sie ansprechen, legen Sie alles vor sich aus. Überlegen, was Sie aussortieren und was Sie behalten möchten. Nehmen Sie dann etwas

Kleber und ein großes Stück Pappe und erstellen Sie Ihre Collage.

Platzieren Sie sie dort, wo Sie sie jeden Tag sehen, und verbinden Sie sich immer wieder einige Momente mit Ihren Manifestationen. Lassen Sie sich auf die Energie ein, die Sie spüren werden, wenn diese Bilder Realität geworden sind – denn sie sagen Ihnen, dass es wirklich so sein kann, wenn Sie es wollen.

Tipp

Wenn Sie lächeln, während Sie Ihr Visionboard anschauen, verstärken Sie höchst effektiv Ihre Schwingungen auf natürliche Weise. Selbst ein aufgesetztes Lächeln kann das Gehirn glauben machen, dass etwas Sie erfreut. In der Folge schüttet es Neurotransmitter wie Dopamin, Serotonin und Endorphine aus, die Ihr Glücksempfinden steigern.

Mit Freunden riffen

Im Jazz bedeutet Riffen, über ein musikalisches Thema zu improvisieren. Kann man dem Universum seine Wünsche besser mitteilen, als in einem improvisierten Dialog mit vertrauten Menschen, bei dem Sie so tun, als wären Ihre Wünsche bereits wahr geworden? Sie berichten von dem umwerfenden (imaginären) Date, von dem Sie gerade zurückkommen, und lassen sich erzählen, wie das (ebenfalls imaginäre) Unternehmen Ihres Freundes oder Ihrer Freundin wächst. Mit einer tollen Playlist im Hintergrund genau das während einer Autofahrt zu tun, wird Ihnen ein Hochgefühl bescheren.

Tipp

Zum Riffen brauchen Sie nicht unbedingt andere Menschen. Eine meiner Lieblingsmethoden, mich mit dem Universum zu verbinden, besteht darin, meine Wünsche während des Autofahrens sozusagen in die Welt zu reden. Man könnte sagen, dass ich unterwegs ein spirituelles Telefonat führe.

Den idealen Tag scripten

Scripten ist eine Manifestations-technik, bei der Sie so Tagebuch schreiben, als wäre Ihre Manifestation bereits eingetreten. Schreiben Sie im Präsens, als ob sich Ihre Wünsche schon erfüllt hätten, um sich die Energie Ihrer gewünschten Realität zu vergegenwärtigen.

Bei dieser Technik brauchen Sie sich nicht auf eine bestimmte Manifestation zu konzentrieren, sondern betrachten Ihr Leben im Ganzen. Sie eignet sich sehr gut, um Klarheit darüber zu gewinnen, wie Sie sich Ihren Tag, Ihre Woche, Ihren Monat oder sogar Ihr Jahr wünschen. Stellen Sie sich alles ab dem Moment des Aufwachens vor – Wie spät ist es? Wie sieht das Schlafzimmer aus? Wie fühlt sich das Bett an? Was hören Sie? Setzen Sie sich keine Grenzen und beschreiben Sie alles so detailliert wie möglich.

Tipp

Diese Fragen können Ihnen helfen, Ihren idealen Tag zu scripten:
• Zu welcher Uhrzeit wachen Sie auf?
• Liegt jemand neben Ihnen?
• Wie läuft Ihre Morgenroutine ab?
• Welcher Arbeit gehen Sie nach?
• Wie sieht Ihr Tag für Sie aus?
• Welche Selfcare-Routine haben Sie?
• Haben Sie spirituelle Gewohnheiten wie Meditieren?
• Wie fühlt sich Ihr Körper an?
• Was gehört zu einem idealen Abend?
• Wie fühlen Sie sich direkt vor dem Einschlafen?

Visualisieren

Vereinfacht ausgedrückt ist Visualisieren eine Art des Tagträumens, bei der Sie in Ihrem Kopf einen Film ablaufen lassen, der Ihr Traumleben zeigt. Dabei werden Ihre Gedanken, Ziele und Vorstellungen durch Millionen von visuellen Erinnerungen dargestellt, die Ihr Unterbewusstsein im Lauf der Jahre gefiltert und abgespeichert hat.

So wie das Gehirn nicht unterscheiden kann, ob Sie wirklich lächeln oder nur so tun, kann es nicht erkennen, ob eine Visualisierung real oder nur vorgestellt ist. Viele Sportler wenden im Rahmen ihres Trainings Visualisierungstechniken an, bei denen sie vor ihrem inneren Auge ablaufen lassen, wie sie gewinnen, die Ziellinie überqueren oder den Schuss landen, der sie in Führung bringt. So entwickeln sich Verhaltensmuster und Handlungen, die Sie in Einklang mit Ihren Manifestationen bringen, und es entsteht eine hochfrequente Energie.

Natürlich geschieht das nicht über Nacht. Wir träumen nicht am Schreibtisch vor uns hin und erscheinen dann plötzlich auf der Titelseite des »Forbes«-Magazins. Vielmehr gilt: Regelmäßiges Visualisieren, egal ob täglich, wöchentlich oder auch nur monatlich, hilft Ihnen, sich Klarheit darüber zu verschaffen, was Sie in Ihr Leben ziehen möchten, und erleichtert es Ihnen, inspiriert zu handeln.

> *»Sportler wenden im Rahmen ihres Trainings oft Visualisierungstechniken an.«*

So visualisieren Sie

• Suchen Sie sich einen ruhigen, bequemen Platz. Setzen oder legen Sie sich hin und schließen Sie die Augen.

• Atmen Sie viermal tief durch die Nase ein und durch den Mund aus. Spüren Sie, wie Sie in den Boden einsinken und sich mit dem Universum verbinden.

• Lassen Sie vor Ihrem geistigen Auge ein Bild oder einen Film von Ihrer Wunschvorstellung erstehen. Sehen Sie die Details und fokussieren Sie das, was Sie empfinden, hören, riechen, schmecken und berühren. Wie sehen Sie als Ihr höchstes Selbst aus? Was tragen Sie? Visualisieren Sie alles, was Sie umgibt, und machen Sie das Bild allmählich heller und schärfer.

• Verstärken Sie die positiven Gefühle, die sich bei dem Gedanken einstellen, dass diese Visualisierung real wird, und nehmen Sie wahr, wie sich Ihre Energie ändert – etwa als Kribbeln in den Fingern, Veränderung der Atemfrequenz, ein Lächeln oder Bewegungsdrang des Körpers.

• Bleiben Sie so lange in diesem energetischen Zustand, wie Sie sich wohl fühlen. Wenn Sie unruhig werden, richten Sie Ihre Aufmerksamkeit wieder auf Ihre Umgebung, öffnen die Augen und vertrauen auf die Kraft der Möglichkeiten.

• Das Aufnehmen und Abspeichern von Informationen als Erinnerungen kann auf verschiedene Weisen erfolgen: visuell (durch Sehen), olfaktorisch (durch Riechen), auditiv (durch Hören), gustatorisch (durch Schmecken), taktil (durch Tasten) oder kinästhetisch (durch Fühlen). Manchen Menschen bereitet das Visualisieren Mühe. Vielleicht fällt es Ihnen schwer, sich einen Film vorzustellen, in dem Sie am Strand sitzen und die Wellen beobachten. Vielleicht ruft stattdessen ein bestimmter Duft aus dem olfaktorischen Gedächtnis bei Ihnen Assoziationen und das Gefühl hervor, am Meer zu sein. Oder Sie stellen sich ein Gespräch vor und vergegenwärtigen sich die Stimme einer Person aus dem auditiven Gedächtnis, ohne ihr Gesicht zu visualisieren.

• Diese Technik bezeichne ich als »Pick 'n' Mix«: Wenn eine Manifestationstechnik bei Ihnen nicht funktioniert, probieren Sie einfach eine andere aus, die möglicherweise besser für Sie geeignet ist.

Tipp
Wenn Sie beim Visualisieren bemerken, dass Sie sich selbst im Bild sehen (dissoziiert), statt im Bild zu sein und dort die Szene mit eigenen Augen zu betrachten (assoziiert), stellen Sie sich vor, wie Sie sich in Ihrem Körper bewegen. Fühlen sich die Gefühle nun stärker an? Wenn Sie sich weniger verbunden fühlen, visualisieren Sie, dass Sie aus Ihrem Körper heraustreten und das Bild weiter von außen betrachten.

So tun, als ob

So zu tun, als ob, ist eine Technik, die vor allem in der kognitiven Verhaltenstherapie (KVT) eingesetzt wird. Sie beruht auf der Idee, dass eine Verhaltensänderung auch unser Denken ändert. Tun wir so, als wäre ein gewünschtes Ergebnis bereits Realität, ändern wir gleichzeitig unsere Gedanken, sodass sie unserer Vision mehr entsprechen.

Indem Sie die äußeren Umstände verändern und einen von außen nach innen gerichteten Ansatz verfolgen, können Sie Ihre Gewohnheiten, Gedanken, Verhaltensweisen und letztlich auch Ihr Handeln ändern.

———

Als ich mich selbstständig machte, tat ich so, als wäre ich bereits ein erfolgreicher Coach mit einer großen Community. Das versetzte mich in die Lage, eine solide Basis für mein berufliches Wachstum zu schaffen. Noch bevor ich meinen ersten Coaching-Kunden unter Vertrag hatte, tat ich so, als hätte ich einen vollen Terminkalender und müsste die Zeiten für Coachings planen. Ich erstellte ein Online-Portal für meine zukünftigen Kunden, in dem sie ihre Notizen aus unseren Gesprächen speichern konnten, entwickelte Kurse und nahm Meditationen auf.

Diese Maßnahmen im Außen veränderten mein Denken dahingehend, dass ich immer mehr daran glaubte, ein erfolgreiches Beratungsunternehmen aufbauen zu können. Mit jedem Tag, an dem ich so tat, als ob, schwanden meine mich limitierenden Bedenken mehr und mehr, meine Gedanken formten sich zu »Es ist möglich, weil ich es bereits tue« um.

Tipp

So zu tun, als ob, wird als fragwürdig angesehen, weil es hieß, man müsse Geld investieren, um Geld zu manifestieren. Tatsächlich kann man diese Methode anwenden, ohne etwas auszugeben. Wenn Sie zum Beispiel davon träumen, sich eine Auszeit von der Arbeit zu nehmen, um zu reisen, könnten Sie auf Ihrem Desktop einen Ordner für Ihre künftige Reiseroute anlegen und Airbnb- und Flugangebote als Lesezeichen speichern. Jemand hat mal zu mir gesagt: »Reichtum ist ein Geisteszustand, kein Kontoauszug.«

Brief aus der Zukunft

Wenn Sie sich in einem Jahr hinsetzen und eine Bilanz Ihres Leben ziehen würden, welche Veränderungen würden Sie sehen wollen? Welche Ziele möchten Sie erreicht haben? Was hätten Sie gerne in Ihr Leben gezogen und was hätten Sie gerne losgelassen?

Schreiben Sie einen Brief an Ihr jetziges Ich und stellen Sie sich dabei vor, Ihre Wünsche hätten sich bereits erfüllt. Beschreiben Sie, was sich in diesem Jahr in Ihrem Leben zum Besseren verändert hat. Teilen Sie Ihrem jetzigen Ich mit, wie anders sein Leben ein Jahr später aussieht und was es innerlich und äußerlich verändern muss, um diese zukünftige Version von sich zu werden.

In Wahrheit wissen Sie bereits unbewusst, was anders sein müsste. Indem Sie einen Brief als Ihr zukünftiges Ich schreiben, bringen Sie das in Ihr Bewusstsein.

Datieren Sie den Brief, falten Sie ihn zusammen und legen Sie ihn an einen sicheren Ort. Lassen Sie sich von Ihrem Kalender in einem Jahr daran erinnern, wo er liegt und dass Sie ihn heute öffnen wollten. Sie möchten emotional in ein neues Jahr starten? Dann lesen Sie den Brief aus dem letzten Jahr und schreiben Sie als Ihr zukünftiges Ich gleich einen neuen. Den öffnen Sie in 365 Tagen.

Tipp
Machen Sie ein Foto von sich und legen Sie es zum Brief. Natürlich werden Sie sich physisch verändern, aber die Bilder werden vor allem zeigen, wie sich Ihre Energie von Jahr zu Jahr wandelt, während Sie eine bewusstere, positivere Lebenseinstellung gewinnen.

Stärken Sie Ihre Manifestations-Magie mit der 369-Methode

Die als 369-Methode bezeichnete Manifestationstechnik ist nach dem serbisch-amerikanischen Erfinder Nikola Tesla benannt. Der ist nicht nur für seine Erfindungen wie der Fernbedienung, der Tesla-Spule und die von Elon Musk nach ihm benannte Automarke bekannt, sondern auch für seine Spiritualität. Obwohl es dazu keine Aufzeichnungen gibt, soll Tesla die Zahlen 3, 6 und 9 als göttlich angesehen haben. Und er soll der Ansicht gewesen sein, dass sie von großer Bedeutung für das Universum, die Natur und den menschlichen Bauplan sind.

In der heutigen Numerologie wird der Zahl 3 eine direkte Verbindung zum Universum nachgesagt, die Zahl 6 steht für unsere innere Stärke und die Zahl 9 für das Loslassen negativer Gefühle – alles wichtige Elemente im Prozess des Manifestierens.

Es war aber die intuitive Astrologin Karin Yee, die die inzwischen berühmte 369-Methode entwickelte, indem sie die Zahlenfolge 369 mit den Lehren von Abraham-Hicks kombinierte, einem Kollektiv spiritueller Lehrer, das von der Sprecherin und Autorin Esther Hicks gechannelt wurde. Wie genau manifestiert man also mit der 369-Methode? Sehen wir uns das mal näher an.

Die Technik
Wählen Sie Ihre Manifestation

Nehmen Sie Stift und Tagebuch zur Hand und notieren Sie, was Sie manifestieren möchten. Schreiben Sie zwei Sätze auf eine Seite, das sollte 17 Sekunden oder länger dauern. Warum? Hicks zufolge benötigt das Gehirn nur 17 Sekunden fokussierter Konzentration, um neue Verknüpfungen herzustellen, wenn wir uns vorstellen, wie sich unser umgesetzter Wunsch anfühlt.

Was könnten Sie manifestieren? Das hängt ganz davon ab, was Sie in Ihr Leben ziehen möchten. Diese Technik hat Menschen geholfen, Geld, Liebe, eine neue Wohnung und einen neuen Job anzuziehen – das Universum setzt Ihnen keine Grenzen, solange es Sie, andere und den Planeten nicht gefährdet.

Beginnen Sie die Manifestation mit Dankbarkeit, reichern Sie sie mit Gefühlen an und lassen Sie sie mit den Worten »in mein Leben« enden. Beispiel: »Ich danke dem Universum dafür, dass es mir zur Seite steht, um meinen Seelenverwandten anzuziehen, der Liebe, Glück und Zufriedenheit in mein Leben bringt und meinem Herzen Frieden schenkt.«

Entscheidend ist, dass Sie Worte verwenden, die das Gefühl und die Energie verstärken, die Sie anziehen möchten. Wie Sie sehen, habe ich die Gefühle Liebe, Glück und Zufriedenheit benannt, die Sie spüren können, wenn Sie das Geschriebene erneut lesen.

Schreiben Sie Ihren Wunsch morgens dreimal auf

Schreiben Sie an 33 Tagen morgens gleich nach dem Aufwachen Ihre Manifestation dreimal auf eine Tagebuchseite. Entscheidend für das Manifestieren einer Sache ist, sich auf das Gefühl zu konzentrieren, auf die Energie dessen, was Sie anziehen möchten, und was Sie empfinden, wenn – nicht falls – sie in Ihr Leben tritt.

Schreiben Sie Ihren Wunsch mittags sechsmal auf

Schreiben Sie mittags dieselbe Manifestation sechsmal in Ihr Tagebuch. Aktivieren Sie wie zuvor die Energie, die Sie spüren werden, wenn sie real ist, und stellen Sie sich sich selbst in der neuen Situation vor. Geben Sie den Wunsch an das Universum ab und setzen Sie Ihren Tag dann fort.

Schreiben Sie Ihren Wunsch vor dem Schlafengehen neunmal auf

Schreiben Sie schließlich vor dem Einschlafen dieselbe Manifestation neunmal auf, genauso wie zuvor. Mit den ersten drei Niederschriften teilen Sie dem Universum Ihre Absicht mit, die folgenden sechs verstärken sie und die letzten neun meißeln die Manifestation in Stein.

Tipps für den Einsatz der 369-Methode
Formulieren Sie in der Gegenwart, als ob
Ihre Manifestation bereits eingetroffen wäre.
*Vermeiden Sie Formulierungen wie »ich werde«
oder »ich möchte«, denn damit vermitteln Sie
dem Universum, dass Ihr Wunsch nicht existiert.*

Werden Sie nicht zwanghaft mit Ihrer
Manifestation. *Das Wie und das Wann liegen
nicht in Ihrer Hand, hier kommt das göttliche
Timing ins Spiel. Vertrauen Sie auf das Universum
in der Gewissheit, dass Ihr Wunsch Realität wird,
wenn Ihre Energie bereit ist, ihn zu empfangen.*

Ihre Manifestation kann schon eintreten,
bevor die 33 Tage um sind! *Das göttliche Timing
wird dafür sorgen, dass Ihre Wünsche sich erfüllen, wenn Sie in der Lage sind, sie anzunehmen.
Auch wenn Sie an Tag 33 immer noch auf die
Magie warten, geben Sie die Hoffnung nicht auf.
Entlassen Sie Ihren Wunsch ins Universum, im
Vertrauen darauf, dass er bald Gestalt annimmt,
weil Sie darum gebeten haben.*

Bleiben Sie dran. *Damit diese Technik wirken
kann, nehmen Sie sich jeden Tag Zeit, Ihren
Wunsch dreimal morgens, sechsmal mittags und
neunmal vor dem Schlafengehen aufzuschreiben.
Wenn Sie aus irgendeinem Grund einen Tag
auslassen, keine Sorge – machen Sie einfach
am folgenden Tag weiter.*

SCHRITT
4

Die Schwingungen erhöhen

Das Konzept der Energie habe ich auf
Seite 18 eingeführt. Nun beschäftigen
wir uns eingehender damit, wie unsere
Schwingungsfrequenz auf unsere
Fähigkeit des Manifestierens
einwirkt.

Das Gesetz der Schwingung

Das Gesetz der Anziehung hat eine große Schwester: das Gesetz der Schwingung. Dieses Puzzleteil übersehen viele Menschen bei ihrem Streben nach einem Leben in Fülle und Harmonie.

Die Gesetze des Universums bilden eine harmonische Einheit. Ein Leben, das auf Verständnis und Vertrauen basiert, ist dann möglich, wenn sie gemeinsam angewendet werden.

Das Gesetz der Schwingung besagt, dass alles, was ist, mit unterschiedlichem Tempo schwingt und unterschiedliche Energiefrequenzen aussendet. Es kann sich um eine niedrige Energie handeln, die langsam schwingt, oder um eine hohe mit schneller Schwingungsfrequenz.

Das Gesetz der Schwingung ist für das Manifestieren von grundlegender Bedeutung. Denn wenn wir nicht wissen, wie wir uns in unterschiedliche Frequenzen einschwingen können, kann das Gesetz der Anziehung uns nicht dabei helfen, unsere Wünsche magnetisch anzuziehen.

Ist Ihre Schwingungsfrequenz niedrig, wird kein noch so häufiges Tagebuchschreiben, Anschauen des Visionboards oder Reiben von Kristallen Ihre Manifestationskraft erhöhen. Wenn Sie zum Beispiel mehr Geld in Ihr Leben ziehen wollen, Ihre Gedanken aber ständig darum kreisen, dass es nicht reicht, folgen Sie einem Mangeldenken, das eine niedrige Schwingungsfrequenz aufweist. Diese verhindert, dass Sie sich auf die höher schwingenden Gefühle von Fülle und finanzieller Freiheit einstimmen. Stellen Sie sich vor, wie Sie Mühe haben, am Radio Ihren Lieblingssender einzustellen – so läuft das mit Ihrer Energie.

Nehmen wir an, Sie möchten Geld manifestieren. Suchen Sie sich dazu Menschen, Orte und Situationen, die Ihnen das Gefühl von Fülle vermitteln: Nehmen Sie Ihren Laptop und arbeiten Sie einen Nachmittag lang in einem schicken Café. Schauen Sie sich im Internet Angebote für Luxusurlaube an. Fahren Sie durch die elegantesten Stadtviertel. Das

> *»Fülle und Überfluss haben nichts mit dem Kontostand zu tun, sondern sind Gefühle, die wir erzeugen und in die wir uns einschwingen können.«*

Schöne ist, dass Fülle und Überfluss nichts mit unserem Kontostand zu tun haben. Vielmehr sind sie Gefühle, die wir erzeugen und in die wir uns einschwingen können.

Dass Menschen Energie spüren, ist unbestritten. Vielleicht erinnern Sie sich an eine Situation, in der Sie einen Raums betreten und etwas Negatives wahrgenommen haben. Wir sprechen häufig von Atmosphäre, aber tatsächlich zeigt sich so die Fähigkeit, uns in eine bestimmte Frequenz einzustimmen, die gerade ausgestrahlt wird.

Und umgekehrt gilt das Gleiche: Denken Sie daran, wie stark eine Person Sie anzieht, zum Beispiel auf einer Party, die in einer höheren Frequenz schwingt und die Energie von Glück, Freude, Positivität,

Optimismus oder Dankbarkeit ausstrahlt. Da Sie dieses Buch lesen, gehe ich davon aus, dass es diese Art von Energie ist, zu der Sie sich von Natur aus hingezogen fühlen.

Voraussetzung für das bewusste Manifestieren von Wünschen ist, dass Sie sich in eine passende Schwingungsfrequenz begeben können. Haben Sie das Gesetz der Schwingung verinnerlicht, steht dem Gesetz der Anziehung (siehe Seite 12 bis 15) nichts mehr im Weg. So wird es möglich, dass Sie sich Ihre Wünsche magisch in Ihr Leben holen.

Wie Sie Ihre Schwingungsfrequenz erhöhen

Jedes Lebewesen hat eine bestimmte Schwingungsfrequenz. Das ist der Grund dafür, dass man sich mit manchen Menschen sofort gut versteht, mit anderen weniger oder dass ein Theaterstück einen begeistert, während eine andere Person gar nichts damit anfangen kann. Deshalb ist es auch von Mensch zu Mensch unterschiedlich, wie jemand seine eigene Schwingung steigern kann.

Es gibt jedoch erprobte Methoden, mit denen Sie Ihren energetischen Zustand verändern können. Die folgenden zwölf Anregungen helfen Ihnen, Ihre Schwingungsfrequenz zu erhöhen.

Musik aufdrehen

Musik hat Einfluss auf Ihre Seele und erst recht auf Ihre Schwingungsfrequenz. Denken Sie an glückliche Momente in Ihrem Leben und erinnern Sie sich daran, welche Rolle Musik dabei gespielt hat: der erste Tanz bei Ihrer eigenen Hochzeitsfeier, eine tolle Party oder das Singen mit Ihren Kindern. Stellen Sie sich eine Playlist mit all Ihren Lieblingsliedern zusammen – und Songs aus Ihren glücklichsten Zeiten – und tanzen Sie in der Küche. Nehmen Sie wahr, wie sich Ihre Stimmung bei einem solchen Küchen-Rave unmittelbar hebt.

———

Feeds in den sozialen Medien achtsam auswählen

Wie viel Zeit verwenden Sie darauf, auf dem Smartphone durch die Feeds in den sozialen Medien zu scrollen, nur um dann in einem Zustand von geringer Schwingungsfrequenz zu enden? Ich nehme an, dass das bei vielen Menschen häufig der Fall ist, denn als über 30-Jährige, die ihre Handysucht inzwischen überstanden hat, habe ich früher dasselbe getan.

Ich folgte meiner Mitschülerin Debbie Downers auf Facebook, obwohl wir uns im Supermarkt kaum grüßten, suchte auf Twitter nach Weltuntergangsnachrichten, sobald die nächste Katastrophe am Horizont auftauchte, arbeitete mich durch Instagram-Feeds und beobachtete mich dabei selbst kritisch. Ironischerweise entschied ich mich bewusst dafür, mich stundenlang diesem ständigen negativen Strom auszusetzen.

Bis ich selbst etwas änderte: Ich beschloss, meinen Feed mit Wohlfühlmarken, positiven Posts und Beiträgen von solchen Influencern zu füttern, die auf derselben Wellenlänge lagen wie ich. Und ging auf Abstand zu den Leuten, mit denen ich mich zuvor verglichen hatte.

Nehmen Sie sich heute vor, sich von allen zu verabschieden, die Ihnen negative Gefühle vermitteln, und abonnieren Sie Feeds, die Sie aufmuntern, statt zu deprimieren.

Energiereich ernähren

Industriell verarbeitete, künstlich angereicherte Lebensmittel, raffinierter Zucker und Alkohol können die Schwingungsfrequenz stark verändern. Indem Sie Ihre Ernährung auf natürliche Lebensmittel umstellen, die ausgewogen, farbenfroh und nahrhaft sind, können Sie Ihre Frequenz drastisch erhöhen – und im physischen wie im energetischen Sinne strahlen. Robyn Openshaw beispielsweise benennt in ihrem Buch *Vibe* Hunderte von Lebensmitteln mit hoher Schwingungsfrequenz, darunter grünes Blattgemüse, Nüsse und Samen, frische Beeren, Rohschokolade, Kräutertees und Kokosöl.

Ordnung schaffen

Man unterschätzt oft, wie stark sich eine unordentliche Umgebung auf den Geist auswirkt. Subtil, aber kontinuierlich sorgt sie für Stress. Mit einer Mini-Variante der KonMari-Methode der japanischen Organisationsberaterin Marie Kondo schaffen Sie Abhilfe: Halten Sie beim Aufräumen jeden Gegenstand kurz in der Hand. Löst er negative Emotionen aus oder ruft unschöne Erinnerungen hervor, werfen Sie ihn weg, verkaufen ihn, geben ihn zurück oder spenden ihn.

Energie fließen lassen

Verändern Sie den Energiefluss in Ihrem Zuhause, indem Sie Ihre Möbel umstellen (aber leicht um sie herumgehen können). Mithilfe der altchinesischen Methode des Feng Shui können Sie die positive Energie in Ihrem Wohnumfeld maximieren.

Wenn Sie beispielsweise in Ihrem Büro mit dem Rücken zur Tür sitzen, bedeutet das im Feng Shui, dass Sie sich von Geld und Arbeitsangeboten abwenden. Um dem entgegenzuwirken, können Sie entweder Ihren Schreibtisch umstellen oder an der Wand, auf die Sie blicken, einen Spiegel anbringen, damit diese Energie auf Sie gelenkt wird.

Zeit fürs Meditieren nehmen

Die Meditation hat unglaublich viele Vorzüge, aber sie zu erlernen kann frustrierend sein. Unser Geist ist so überreizt, dass es uns schwerfällt, auch nur zehn Minuten lang abzuschalten. Unser Kopf ist von ständigem Geplapper erfüllt.

Beim Meditieren geht es darum, den Geist für einen Moment zu beruhigen, nicht darum, ihn zu perfektionieren. Schließen Sie die Augen und konzentrieren Sie sich auf Ihre Atmung. Nehmen Sie die Gedanken, die in Ihren Geist dringen, einfach nur zur Kenntnis, und lassen Sie sie dann wie Ballons in den Himmel aufsteigen.

Wer meditieren möchte, muss nicht mit gekreuzten Beinen und nach oben gewendeten Handflächen auf dem Boden sitzen. Meditation kann auch in Form achtsamer Aufgaben erfolgen, zum Beispiel beim Malen, Stricken oder sogar Puzzeln.

Negative Gedanken erkennen

Diese Methode war eine der ersten, mit denen ich daran arbeitete, meine negative Denkweise abzulegen: mir meiner selbst bewusst zu werden, um negative Gedanken zu erkennen, bevor sie sich verselbständigten.

———

Nehmen Sie einen negativen Gedanken wahr und überlegen Sie:

· Ist das im Großen und Ganzen wirklich wichtig?

· Verspüren Sie Empathie für diese Person oder Situation?

· Gibt es daran auch etwas Gutes?

· Welche andere Reaktion darauf wäre möglich?

Dieses Vorgehen mag Ihnen anfangs etwas merkwürdig vorkommen – und es ist wirklich Arbeit –, doch schon bald wird der neue Umgang mit negativen Situationen für Sie selbstverständlich sein.

Sich erden

Sich zu erden ist eine einfache, ausgesprochen wirkungsvolle Methode, um die eigene Schwingungsfrequenz zu verändern. Ziehen Sie Ihre Schuhe aus und laufen Sie über Gras. Fühlen Sie sich verbunden und eins mit der Erde.

———

Den Kalender entschlacken

Quillt Ihr Kalender vor Terminen, Geburtstagen und To-Dos über? Nehmen Sie sich einen Moment Zeit und befassen Sie sich mit ihm, ob auf Papier oder in einer App. Überarbeiten Sie die nächsten 30 Tage. Das ist eher eine Strategie als eine spirituelle Praxis, aber das Gefühl der Überforderung kann Ihre Schwingungsfrequenz senken und weitere Belastungen anziehen.

———

Sich mit Pflanzen umgeben

Sorgen Sie für mehr Grün im Zuhause oder im Büro. Studien zufolge senken Zimmerpflanzen Stress, steigern die Laune und verbessern sogar die Konzentration.

———

Genug schlafen

Guter Schlaf ist Voraussetzung für eine hohe Schwingungsfrequenz. Doch leider hat das bei vielen von uns nur geringe Priorität, weil unser Terminkalender so voll ist. Wir stehen früh auf, gehen aber abends zu spät ins Bett, um überhaupt noch etwas Zeit für uns zu haben.

———

Laut einer Studie, die von der Fakultät für klinische und Gesundheitspsychologie der Universität Utrecht in den Niederlanden durchgeführt wurde, beruht dies auf dem »Aufschieben der Schlafenszeit«, dann umbenannt in »Aufschieben der Schlafenszeit aus Rache«. Im Pandemie-Jahr 2020 waren immer mehr Menschen von diesem Phänomen betroffen, für sie wurde langes Aufbleiben zu einem Mittel, um in einer unsicheren Umgebung die Kontrolle zu behalten.

Machen Sie einen ersten Schritt hin zu besserem Schlaf, indem Sie in der nächsten Woche eine Stunde früher als üblich herunterschalten, das heißt kein

Fernsehen, Smartphone etc. vor dem Schlafengehen. Finden Sie heraus, wie Sie sich in der Zeit fühlen, bevor Sie gewöhnlich ins Bett gehen.

Fernsehen und Schwingungen

Die Inhalte, die wir insbesondere vor dem Schlafengehen konsumieren, können unsere Schwingungsfrequenz drastisch senken oder erhöhen. Überlegen Sie sich also gut, was Sie sich anschauen, wenn Sie in den Theta-Zustand abdriften. (Theta-Gehirnwellen treten im Zustand zwischen Wachen und Schlafen oder kurz vor dem Aufwachen auf. Man nimmt an, dass sie bei der Informationsverarbeitung und dem Festigen von Erinnerungen eine Rolle spielen). Möchten Sie sich wirklich auf stressige, düstere oder beängstigende Inhalte pro-grammieren? Wenn nicht, wählen Sie ein paarmal pro Woche ein anderes Fernsehprogramm.

Schutz vor negativen Energien

Dem Unternehmer und Motivationsredner Jim Rohn zufolge ist man »der Durchschnitt der fünf Menschen, mit denen man am meisten zusammen ist.« Daher kann es für das persönliche wie das spirituelle Wachstum vorteilhaft sein, seine Beziehungen von Zeit zu Zeit auf den Prüfstand zu stellen.

So, wie wir uns auf die Energie anderer Menschen einstimmen, nehmen wir auch die Energie auf, die sie ausstrahlen. Wenn jemand lacht, kann uns das ebenfalls zum Lachen bringen – es steckt an. In ähnlicher Weise kann die schlechte Laune eines Kollegen die Energie im ganzen Büro verändern. Das zehrt an unserer Seele.

Nehmen Sie also Ihre derzeitigen Freundschaften und Beziehungen unter die Lupe. Gibt es jemanden, der Ihnen Energie raubt? Es geht nicht darum, Menschen zu meiden, die eine schwere Zeit durchmachen. Sie wissen sehr wohl, wem es gerade aus gutem Grund nicht gut geht und wer aus Gewohnheit negativ ist. Hier soll es um den Umgang mit Letzteren gehen.

Familie

Negativ eingestellte Familienmitglieder können eine große Herausforderung darstellen, zumal man ihnen vielleicht nicht so einfach aus dem Weg gehen kann wie Freunden. Die können wir uns aussuchen, unsere biologische Familie nicht.

———

Das heißt jedoch nicht, dass wir gleich völlig auf Distanz gehen sollten – Kommunikation und Verständnis sind hilfreicher. Wenn es um unsere Eltern geht, vergessen wir oft, dass sie Menschen mit einem gelebten Leben, mit einer Vergangenheit, Gefühlen und Erinnerungen sind. Es kann passieren, dass sie ihre einschränkenden Überzeugungen auf uns übertragen. Sie sind eben nicht nur »unsere Eltern«.

Machen Sie sich zudem bewusst: Wenn jemand etwas Negatives über Sie sagt, liegt das oft daran, dass Sie etwas widerspiegeln, was die betreffende Person an sich selbst nicht mag.

Falls offene Kommunikation nicht möglich ist, gehen Sie am besten auf Distanz, zum Beispiel, indem Sie sich nicht auf schwierige Gespräche einlassen, den Raum verlassen, das Thema wechseln oder manche Inhalte von vornherein vermeiden.

Freunde

So traurig das sein mag: Nicht alle Freundschaften halten ewig. Manche Menschen treten für eine gewisse Zeit in unser Leben und verlassen es wieder, wenn für uns ein neues Kapitel beginnt. Manchmal ist es einfach so, dass wir mit jemandem eine Zeit lang perfekt harmonieren, bis einer von beiden weiterzieht.

Wenn ich Ihnen dennoch einen schwesterlichen Rat geben darf: Trennen Sie sich bewusst von den Menschen, die Ihnen nicht guttun. Sie wissen schon, ich meine die Leute, die Ihren Becher leeren, ohne ihn je wieder aufzufüllen. Die Ihnen ihre einschränkenden Glaubenssätze aufdrängen, statt Sie zu ermutigen. Die Sie allein durch ihre Anwesenheit auslaugen. Meiner Meinung nach ist dies der Inbegriff einer unausgewogenen Freundschaft.

Statt sich darauf zu fokussieren, die Menschen zu meiden, mit denen Sie nicht mehr auf einer Wellenlänge liegen, bemühen Sie sich aber lieber um neue Freundschaften. Umgeben Sie sich mit Menschen, die Ihnen Kraft schenken, nicht rauben.

Das kann wirklich so einfach sein: Bitten Sie das Universum, Ihnen zu helfen, Seelenverwandte in Ihr Leben zu holen. Menschen, die Ihre Lebenseinstellung und derzeitige Schwingungsfrequenz verstärken. Sie können ein Visionboard erstellen, das Ihre ideale

>>*Das kann wirklich so einfach sein: Bitten Sie das Universum, Ihnen zu helfen, Seelenverwandte in Ihr Leben zu holen.*<<

Freundschaft, gemeinsame Aktivitäten und die Freiheit von den Zwängen einer toxischen Freundschaft versinnbildlicht.

Wahrscheinlich wird diese Person nicht plötzlich vor Ihrer Haustür stehen. Kommen Sie dem Universum entgegen und suchen Sie Orte auf, an denen Sie ihr begegnen könnten! Mögen Sie Yoga? Dann besuchen Sie einen Kurs in Ihrer Nähe. Lieben Sie Spiritualität? Dann nehmen Sie an einem Kurs über Kristallheilung teil. Umgeben Sie sich mit Gleichgesinnten, die eine hohe Schwingung haben, und Sie werden merken, wie sich Ihre eigene Frequenz erhöht.

Arbeit

Eine häufige Frage zur Schwingungsenergie ist, wie man mit einem toxischen Arbeitsumfeld umgehen kann. Wir verbringen den Großteil unseres Lebens am Arbeitsplatz. Wenn dort die psychische Gesundheit Schaden nimmt, rate ich sehr dazu, aktiv einen Ausweg zu suchen.

———

Befürchtungen, keinen anderen Job zu finden, sind angesichts eines unsicheren Arbeitsmarkts durchaus berechtigt. Doch Ihrem Selbstbewusstsein und Elan wird es mehr schaden, wenn Sie in einem negativen Arbeitsumfeld bleiben – und sich selbst den Absprung letztlich noch schwerer machen. Es ist Ihre Entscheidung.

Falls Sie gehen wollen, hilft dies: Aktionsplan erstellen, Lebenslauf aktualisieren und auf Jobplattformen Stellenangebote abonnieren. Ihre Energie wird sich verändern, sobald Sie Ihr Leben selbst in die Hand nehmen.

Wenn Ihnen Ihr Arbeitsplatz gefällt und Sie bleiben möchten, aber mit negativen Kollegen zu tun haben, hilft Folgendes: Meiden Sie Klatsch und Intrigen. Sie können sich anhören, was die anderen denken, aber Tratsch raubt Energie. Oft versammeln wir uns an der metaphorischen Wasserquelle, weil wir uns im Rudel sicherer fühlen, als der einsame Wolf zu sein, doch das befördert die Negativität.

Erstellen Sie zudem eine Liste aller positiven Aspekte Ihrer Arbeit und seien Sie täglich dankbar dafür. Gibt es Aufgaben, die Sie mögen, machen Sie sie zur Priorität und bitten um mehr Zuständigkeit in diesem Bereich.

Sie glauben an die Kraft der Kristalle? Der schwarze Turmalin ist perfekt, um negative Energie abzuwehren. Legen Sie ihn auf ihren Schreibtisch oder tragen Sie ihn bei sich.

Manchmal können wir Negativität nur mit Freundlichkeit begegnen und darauf hoffen, dass unsere Energie auf andere wirkt. Reden Sie über Schönes, machen Sie Komplimente, hören Sie sich an, was andere erzählen, und helfen Sie ihnen, ihre Denkmuster zu verändern. Während Sie sich immer besser fühlen, stecken andere noch im tiefen Tal – setzen Sie Freundlichkeit und Mitgefühl an erste Stelle.

Wo verlieren Sie Energie?

Manchmal verlieren wir Energie durch eine Art Leck in unserem Leben. Wie an einem undichten Rohr im Haus muss das Loch geschlossen werden, um langfristige Schäden zu vermeiden.

Energie kann durch die bereits erwähnten Energievampire verloren gehen, aber auch durch das Gefühl, ja sagen zu müssen, wenn wir eigentlich nein sagen möchten. Das kann passieren, wenn wir keine klaren Grenzen setzen, schwierigen, aber notwendigen Gesprächen ausweichen oder eine »Warum-ich?«-Einstellung haben. Sobald Sie erkannt haben, welche Dinge Sie Energie kosten, können Sie das »Leck« allmählich stopfen, das heißt, aktiv nach einer Lösung suchen.

Stärken Sie Ihre Manifestations-Magie mit einem Vergebungsritual

Das Festhalten an Groll und Wut verursacht große Energielecks, ohne dass Sie sich dessen bewusst sind. Wer irgendwelche negativen Gefühle gegenüber sich selbst oder anderen hegt, empfindet sich als machtlos.

Wenn Sie Schuldgefühle, Wut und Scham innerlich festhalten, schadet das nur Ihnen selbst, Ihrem Wachstum und Ihrer Zukunft. Ich möchte damit nicht sagen, dass die Person, die Ihnen Unrecht getan hat, im Recht ist – das Leben kann uns wirklich schreckliche Erfahrungen bescheren, die kein Mensch durchmachen sollte. Aber Sie haben die Wahl, die Negativität, die Sie körperlich als »Un-Wohlsein« wahrnehmen, loszulassen.

Vergebungsritual

1 Schreiben Sie als Erstes eine Liste mit jeder einzelnen negativen Erinnerung, die Sie noch in Ihrem Körper festhalten. Vielleicht wurden Sie bestohlen oder tyrannisiert oder Sie haben selbst einmal jemanden schlecht behandelt. Wir glauben, Vergebung sei etwas Äußeres, aber tatsächlich müssen wir uns selbst vergeben, um wirklich etwas zu verändern. Ganz gleich, ob es gestern oder vor 20 Jahren entstanden ist, wenn Sie sich noch an ein solches Gefühl erinnern, muss es herausgeholt und losgelassen werden.

2 Lesen Sie laut vor, was Sie notiert haben. Sagen Sie dann: »Ich vergebe dir und lasse dich los.« Während Sie dies aussprechen, konzentrieren Sie sich auf das Gefühl und die Kraft der Vergebung. Spüren Sie, wie die Erinnerung ihren Griff um Sie löst.

3 Reißen Sie Ihr Blatt Papier in Stücke oder, besser noch, verbrennen Sie es und nehmen Sie wahr, wie sich Ihre Verbindung zu diesen Gefühlen in der schwelenden Asche auflöst.

4 Vielleicht fühlen Sie sich am Tag danach ausgelaugt, weil Ihr Körper sich von einem emotionalen »Kater« erholt. Trinken Sie viel Wasser, gönnen Sie Ihrem Geist Ruhe und seien Sie in den nächsten 24 Stunden besonders nett zu sich.

SCHRITT
5

Die Energie der
Dankbarkeit spüren

Unter den Emotionen und Gedanken, die unsere
Energie in hohe Schwingungsfrequenz versetzen,
gehört Dankbarkeit zu den wirkungsvollsten. Ich
würde sogar sagen, dass Dankbarkeit einen noch
größeren Einfluss auf unsere Fähigkeit hat,
positive Dinge in unser Leben zu ziehen,
als Freude und Glück.

Dankbarkeit empfinden

Freude als ständiger Zustand ist gar nicht mög-
lich und wäre wohl auch nicht gesund. Leichter
können wir uns in die Energie der Dankbarkeit
einschwingen, denn unabhängig von unserer
Stimmung gibt es meistens etwas, wofür wir
dankbar sein können.

Auch ein dauerhafter Glückszustand ist nicht
möglich – und sollte es nicht sein. Als Mensch
mit Seele, der seine Erfahrungen macht, müssen
wir uns auf die ganze Palette unserer Gefühle
einlassen, um zu begreifen, was es bedeutet,
wenn wir schließlich unseren Schatz finden.

———

Wir sprechen von niedrig schwingenden Emotionen, so etwas wie »schlechte« Gefühle gibt es
jedoch nicht. Auch die Emotionen am unteren
Ende der Schwingungsskala müssen wir annehmen und verarbeiten, um sie loslassen zu können.
In Dankbarkeit leben – die Dinge schätzen, mit
denen wir gesegnet sind –, können wir jedoch
selbst an schwierigsten Tagen.

Sehen Sie sich jetzt um und notieren Sie im
Geiste zehn Dinge, für die Sie dankbar sind. Das
kann etwas so Einfaches sein wie das Glas Wasser,
das vor Ihnen auf dem Tisch steht, oder das Geld,
mit dem Sie dieses Buch kaufen konnten. Vielleicht
Ihr voller Kühlschrank oder die Tatsache, dass
Ihre Nachmittagsbesprechung abgesagt wurde.
Viele von uns lieben abgesagte Termine, Sie auch?

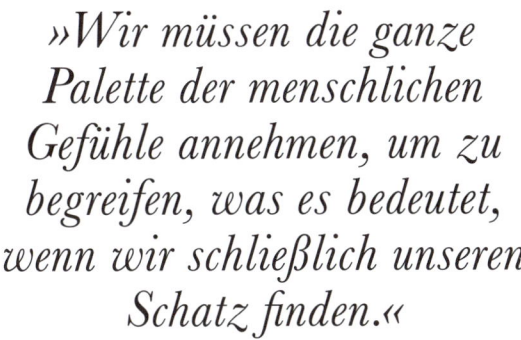

> *»Wir müssen die ganze Palette der menschlichen Gefühle annehmen, um zu begreifen, was es bedeutet, wenn wir schließlich unseren Schatz finden.«*

Dankbarkeit beeinflusst nicht nur unsere Schwingung, sondern lässt uns die Welt plötzlich wieder in Farbe sehen. Wir können die zuvor graue Welt nun durch eine rosarote Brille betrachten. Wenn wir die Fülle wahrnehmen, die wir im Leben haben, erscheinen uns die Dinge nicht mehr so schwierig wie zuvor.

Raten Sie mal, was passiert, wenn wir uns im Alltag immer wieder auf die Dinge konzentrieren, für die wir dankbar sind? Das Universum liefert uns mehr davon. Denn das Gesetz der Anziehung besagt, dass Gleiches Gleiches anzieht. Denken Sie also darüber nach, wovon Sie gerne mehr hätten, und konzentrieren Sie sich darauf, genau das in Ihr Leben zu holen.

Fülle- versus Mangelbewusstsein

Ob wir ein Fülle- oder ein Mangelbewusstsein haben, bestimmt mit, wie belastbar wir sind, wie wir mit Stress umgehen und sogar wie gut unsere Immunabwehr funktioniert. Es geht also um weit mehr als darum, drei Dinge aufzuschreiben, für die wir dankbar sind, und zu erwarten, dass das Universum unsere Wünsche erfüllt.

Füllebewusstsein ermöglicht es, ein erfülltes und zufriedenes Leben zu führen, sich kreativ und inspiriert zu fühlen, neue Chancen zu nutzen und sich seiner selbst sicherer zu sein.

———

Was aber macht den Unterschied zwischen Fülle- und Mangel-bewusstsein aus?

· Mangeldenken ist darauf fokussiert, dass nie genug da ist, während das Füllebewusstsein weiß, dass es mehr als genug für alle gibt.

· Die Mangelmentalität kritisiert und weist auf Fehler hin, während die Füllementalität Wertschätzung zeigt und nach Lösungen sucht.

· Das Mangeldenken sieht überall Fallstricke und vermeidet jegliches Risiko, während das Fülledenken Chancen sieht und Veränderungen annimmt.

Wenn Sie jetzt einen ehrlichen Blick auf Ihre Denkmuster werfen, wo ordnen Sie sie ein: beim Mangel oder bei der Fülle? Lassen Sie mich wiederholen, was ich zuvor gesagt habe: Egal, welche Gedanken Sie wiederkäuen, Ihr Verstand wird alles in seiner Macht Stehende tun, um Ihnen zu beweisen, dass Sie recht haben. Wie der berühmte Erfinder Henry Ford sagte: »Ob Sie denken, Sie können etwas oder Sie können es nicht, Sie haben recht.«

———

Füllebewusstsein erzeugt einen Welleneffekt positiver Dinge, zum Beispiel grüne Ampeln, wenn Sie es eilig haben, eine aufgehaltene Zugtür oder ein Gutschein für einen Gratis-Kaffee.

Sind Sie dagegen auf Mangel programmiert, treten Probleme auf, beispielsweise muss Ihr Auto aus heiterem Himmel repariert

werden oder eine unerwartete Stromrechnung kommt – was das Gefühl des Mangels noch verstärkt.

Ich möchte den Begriff »Fülle« nicht in erster Linie finanziell verstanden wissen, obwohl das immer wieder vorkommt. Denn wahre Fülle, wahrer Überfluss bedeutet, ein reiches Leben zu führen, das mit Gesundheit, Liebe, Freundschaften und Seelenverwandten angefüllt ist. Das reich an Möglichkeiten, Frieden, Klarheit und Harmonie ist. Das macht wahren Reichtum aus.

Wir lassen uns leicht von all den Problemen der Welt vereinnahmen. Tagtäglich füttern uns die Medien, online und offline, mit schlechten Nachrichten – und doch geschieht so viel Wunderbares um uns herum.

Wenn Sie das nächste Mal spazieren gehen, nehmen Sie Ihre Umgebung wirklich wahr und entdecken Sie die vielen Dinge, für die Sie dankbar sein können – von den bunten Herbstblättern bis hin zu den lachenden Kindern, die im Park spielen.

Der Schalter lässt sich von Mangel auf Fülle umlegen, indem Sie sich täglich darauf konzentrieren. Und das wirklich. Es ist sinnlos, jeden Tag eine Dankbarkeitsliste zu schreiben, wenn das einfach als Teil der Morgenroutine erfolgt. Die Magie entsteht, wenn Sie echte Dankbarkeitsenergie verspüren. Wie Sie die empfinden lernen? Indem Sie sich vorstellen, wie Ihr Leben ohne das aussähe, was Sie bereits haben.

Wie Sie das Füllebewusstsein kultivieren

Momente der Reflexion

Nehmen Sie sich vor dem Schlafengehen ein bisschen Zeit, um in Gedanken oder auf Papier drei Dinge Ihres Tages aufzulisten, für die Sie dankbar sind. Bei der spirituellen Selbstfürsorge kann es passieren, dass wir unsere Routinen automatisch ablaufen lassen und den wichtigen Teil – uns in die Energie der echten Dankbarkeit hineinzubegeben – unterlassen. Stellen Sie sich vor, wie Ihr Tag ohne das Aufgeschriebene gewesen wäre, und lassen Sie Dankbarkeit dafür in sich entstehen.

Was wäre, wenn …?

Fragen, die mit »Was wäre, wenn …?« beginnen, können hilfreich sein – oder auch nicht. Wir Menschen haben im Lauf der Evolution gelernt, zur Sicherheit unterschiedliche Szenarien durchzuspielen: Was, wenn das Schlimmste passiert? Wenn es sich nicht auszahlt? Wenn sie mich nicht mögen? Wenn es nicht so läuft, wie ich mir erhoffe?

Was wäre, wenn Sie anders herum denken? Was, wenn wirklich das beste Ergebnis eintritt? Wenn es sogar noch besser wird, als Sie es sich vorgestellt haben? Die Kultivierung einer solchen »Möglichkeits-Mentalität« bringt Ihren Verstand dazu, nach Lösungen statt nach Problemen zu suchen. Zudem entsteht so Fülle- statt Mangeldenken.

Win-Win-Mentalität

Im Mangelzustand kommt vielleicht der Gedanke auf, dass für uns nichts mehr übrig bleibt, wenn eine andere Person etwas bekommt. Lassen Sie mich erklären, wie Füllebewusstsein das sieht.

———

Wenn das Universum uns zeigt, wie jemand etwas bekommt, sollen wir zweifellos erkennen, was möglich ist. Nicht nur für die Person, die bedacht wurde, sondern auch für uns. Es liegt eine große Kraft darin, die Erfolge anderer zu sehen, denn wenn etwas sichtbar wird, kann man anfangen, daran zu glauben. Und das Universum kann Ihnen helfen, Ihre Vorstellungen zu erreichen.

Feiern Sie die Erfolge anderer wie Ihre eigenen. Setzen Sie Ihre Energie nicht für Neid oder Eifersucht ein, sondern finden Sie heraus, was Sie wirklich wollen. Definieren Sie, was Ihr Leben erfolgreich macht, und seien Sie bereit für die Magie, die das Universum für Sie bereithält.

Ursache oder Wirkung

Wenn Sie ein Füllebewusstsein haben, gehen Sie Probleme eher ganzheitlich an. Statt von außen auf ein Problem zu schauen und zu überlegen, wer oder was schuld daran ist, suchen Sie die Lösung im Inneren. Hier wird das Gesetz von Ursache und Wirkung sichtbar.

———

Demnach folgt, einfach gesagt, auf jede Aktion eine Reaktion und auf jede Reaktion eine Aktion. Jeder Gedanke, den wir denken, jedes Wort, das wir sprechen, setzt eine Ereigniskette in Gang. Jede Aktion und jede Reaktion kann zu einem positiven oder negativen Ergebnis führen.

Wenn wir in der »Wirkung« sind, liegt alles, was wir erleben und was uns widerfährt, in der Verantwortung von jemand anderem, jemand anderer ist schuld. Oder wir sind »Ursache« und überlegen, was uns beeinflusst, erkennen, wie unser Handeln unseren Weg bestimmt, und treffen unsere eigenen Entscheidungen.

Das Füllebewusstsein hinterfragt, ob eine Herausforderung uns etwas lehrt oder Segen bringt, und wenn ja, wie wir dies annehmen können.

Mehr wollen

Wenn wir lernen, dem Leben mit mehr Dankbarkeit zu begegnen, stellt sich womöglich die Frage: Wie kann ich mehr wollen, wenn ich doch zufrieden sein soll? Das hört sich erst mal nicht stimmig an, oder?

Das eigene Füllebewusstsein zu kultivieren bedeutet zwar, für das, was ist, dankbar zu sein. Dennoch dürfen Sie sich auf jeden Fall mehr vom Leben wünschen.

Es ist vollkommen in Ordnung, Vorstellungen zu haben, die über Ihre jetzige Realität hinausgehen. Es ist völlig okay, das eigene Leben verbessern, neue Ziele erreichen und Wünsche manifestieren zu wollen – und gleichzeitig für das jetzige Leben dankbar zu sein.

Angenommen, Sie möchten Ihr Traumhaus manifestieren. Zu den Dingen im Leben, die ganz grundsätzlich Dankbarkeit verdienen, zählt sicher ein Dach über dem Kopf. Ein Zuhause zu haben, ist ein wahrer Segen, ebenso Gesundheit, Nahrung und Wasser. Das heißt aber nicht, dass Sie sich vom Leben nicht mehr wünschen dürfen.

Auch als ich mein Haus mit Garten und ohne Lärm von Nachbarn auf meinem Visionboard visualisierte, nahm ich mir Zeit, die Details meiner Wohnung, in die ich mich vor Jahren verliebt hatte, wertzuschätzen. Denn das Gesetz der Anziehung hatte mich gelehrt, dass ich mir, um ein Haus mit allen Punkten auf meiner kosmischen Einkaufsliste zu bekommen – Garten, Ruhe, Arbeitszimmer, Kamin, originelle Details, Speisekammer an der Küche, großer Parkplatz, in einer Straße, wo sich die Nachbarn einen guten Morgen wünschen, ein Wohnumfeld mit Zugang zur Wohlfühlenergie schaffen musste, während ich meinen Traum manifestierte.

Also legte ich einen Indoor-Garten an und hegte und pflegte jede Pflanze darin. Ich kaufte in einem Gebrauchtwarenladen einen Kaminschutz und dekorierte ihn, als würde an einem kalten Herbstabend ein echtes Feuer darin brennen. Außerdem kaufte ich Einmachgläser und wurde zur Instagram-Sensation (okay, fünf Freundinnen kommentierten), weil ich sie mit Mehl und Müsli füllte und beschriftete. Dies kam einer Speisekammer am nächsten.

Und was passierte? Innerhalb eines Monats kam mein Traumhaus auf den Markt. Es wurde mir, als der rechte Zeitpunkt kam, mit Brief und Siegel geliefert und gehört nun mir.

Ich möchte noch einmal betonen, dass Sie sich mehr wünschen und zugleich dankbar für das sein können, was Sie haben. Sie können sich in die Energie einschwingen, mit Ihrer Situation zufrieden sein *und* sich etwas wünschen.

Stärken Sie Ihre Manifestations-Magie mit dem Bumerangeffekt

Was wir in die Welt setzen, bekommen wir zurück, ähnlich wie einen Bumerang – deshalb ist das Geben ein so wichtiger Bestandteil des Lebens in Fülle.

Großzügigkeit kann Ihre Energie verändern, denn etwas zurückzugeben, in welcher Form auch immer, nährt die Seele. Oder fühlen Sie sich nicht gut, wenn Sie jemandem geholfen haben? Oder wenn Sie etwas zurückgeben konnten und diese sanfte Wärme Sie überkommt?

Ob in Form von Zeit, Geld, einem Lächeln oder einer Schulter zum Ausweinen – wenn jeder Mensch nur einen kleinen Beitrag leisten würde, um jemandem oder einer Sache zu helfen, die ihm etwas bedeutet, könnten wir die Schwingungsfrequenz der Welt auf bedeutende Weise verändern.

Anderen etwas zu geben ist ein Überlebensinstinkt. Essen mit Hungrigen zu teilen und einem Frierenden einen warmen Mantel zu geben sind Beispiele für echte Großzügigkeit. So hat sich die Menschheit das Überleben gesichert. Stellen Sie sich vor, wie die Welt aussähe, wenn wir alle nur an uns selbst denken würden.

Hier sind 22 Vorschläge, wie Sie im Universum einen Bumerangeffekt erzeugen können, indem Sie etwas zurückgeben.

1 Kaufen Sie regelmäßig bei einem Unternehmen ein, das einen wohltätigen Zweck unterstützt.

2 Spenden Sie Kleider.

3 Spenden Sie einem Frauenhaus Make-up und Hygieneartikel.

4 Telefonieren Sie mit Freunden, um zuzuhören, nicht um zu erzählen.

5 Kochen Sie jemandem einen Tee.

6 Geben Sie Ihrem Barista ein etwas größeres Trinkgeld als sonst.

7 Lächeln Sie einer fremden Person zu.

8 Führen Sie den Nachbarshund aus.

9 Spenden Sie Blut.

10 Schenken Sie einem Tierheim alte Bettwäsche und Handtücher.

11 Kaufen Sie bei einem kleinen Unternehmen ein.

12 Machen Sie in den sozialen Medien auf die Firma einer Freundin aufmerksam.

13 Melden Sie sich bei *Be My Eyes* an und beantworten Sie Sehbehinderten Fragen via Videochat.

14 Machen Sie jemandem ein echtes Kompliment.

15 Arbeiten Sie ehrenamtlich bei einer sozialen Einrichtung.

16 Lassen Sie ein ausgelesenes Buch im Bus oder an einer Haltestelle liegen, sodass ein anderer es lesen kann.

17 Schreiben Sie nette Worte auf einen Zettel und hängen Sie ihn dort auf, wo jemand ihn findet.

18 Spenden Sie einer Tafel Lebensmittel.

19 Kaufen Sie ein zweites Mittagessen und schenken Sie es einer bedürftigen Person.

20 Pflanzen Sie einen Baum.

21 Heben Sie Abfall von der Straße auf.

22 Verbreiten Sie in den sozialen Medien gute Nachrichten, um den negativen Meldungen etwas entgegenzusetzen.

SCHRITT
6
Glauben

Wir sind nun bei dem Teil des Manifestierens
angelangt, der so viele von uns ins Straucheln
bringt – beim Glauben. Gemeint ist damit,
bedingungslos darauf zu vertrauen, dass
die Dinge, die Sie sich wünschen, für Sie
zur Verfügung stehen. Und dass Sie es
wert sind, sie zu erhalten.

Sich erlauben, zu glauben

*An die Kraft des Manifestierens zu glauben
bedeutet nicht nur, in Betracht zu ziehen, dass
möglicherweise eine höhere Kraft existiert. Es
geht auch darum, sich in die Energie des Glaubens
zu begeben, dass die eigenen Wünsche eines Tages
wahr werden können. Überraschenderweise fällt
den meisten Menschen dies sehr schwer.*

Da Sie bis hierher gekommen sind, gehe ich davon
aus, dass Sie zumindest ein kleines bisschen an
universelle Kräfte, Energien sowie die Idee glauben,
dass wir unsere Realität durch unsere Gedanken
gestalten. Vielleicht sind Sie bereit, die unerklärliche Magie dahinter bewusst zu nutzen.

———

Denken Sie an all die Momente, in denen Sie
manifestiert haben, ohne sich dessen bewusst zu
sein: zum Beispiel wenn Sie an eine Person gedacht
haben und diese Sie angerufen hat. Oder wenn
Sie sich ein Szenario am Arbeitsplatz vorgestellt
haben und die Situation dann fast genau so
geschah, wie Sie es vor Ihrem geistigen Auge
gesehen hatten. Genau das ist das Universum.

Allerdings kann es sein, dass Sie zwar spirituell
mit einer höheren Quelle verbunden sind, aber
trotzdem Schwierigkeiten mit dem Manifestieren
haben. Warum? Im Folgenden möchte ich Sie
mit einschränkenden Glaubenssätzen bekannt
machen, die im Weg stehen können.

Was sind einschränkende Glaubenssätze?

Einschränkende Glaubenssätze sind die größten Saboteure beim Manifestieren. Sie erzeugen Energiebarrieren, die das Universum nicht durchdringen kann. Wenn Sie selbst nicht glauben, dass Sie etwas wert sind, wie sollen Sie dann energetisch dazu in der Lage sein, etwas anzunehmen?

Hinderlichen Überzeugungen liegen Gefühle wie Scham, Schuld, Unsicherheit oder Wut zugrunde. Sie führen zu Selbstsabotage, schlechtem Umgang mit Geld, Vernachlässigung des Körpers oder Streit mit Menschen, die wir lieben.

Bis zum Alter von etwa sieben Jahren spielt unser Unterbewusstsein für uns eine dominante Rolle. Es kontrolliert unsere Körperfunktionen, zum Beispiel die Atmung, das Blinzeln und die Verdauung, und wertet alles, was wir mit unseren Sinnen aufnehmen, als Tatsachen.

Ab etwa sieben Jahren beginnt sich der bewusste Teil unseres Verstandes und in der Folge unsere eigene Weltsicht herauszubilden. Wir übernehmen Überzeugungen von Eltern, Betreuern und Lehrern und damit Ansichten über die Welt und darüber, welches Verhalten akzeptabel ist und welches nicht. Dieser Prozess kann bis ins späte Teenageralter oder Anfang der Zwanziger andauern, deshalb stammen einschränkende Glaubenssätze häufig aus unserer Kindheit und Jugend.

Vielleicht haben Ihre Eltern oder Fürsorgeberechtigten stets davon gesprochen, wie unglaublich hart sie arbeiten müssen, um das tägliche Essen auf den Tisch zu bringen. Natürlich sah so deren Realität aus, Sie aber wurden dadurch programmiert zu glauben, dass das Leben immer ein Kampf sein muss.

Oder Sie haben als Kind mit Freunden im Garten gelacht, als plötzlich ein Streit ausbrach. Dies hat Sie zu der Überzeugung gebracht, dass Glück nur kurz währt und, kaum da, auch schnell wieder vorbei ist. Das kann Sie im Erwachsenenalter daran hindern, das Leben voll und ganz zu lieben.

Vielleicht fühlen Sie sich wegen der Ausdrucksweise in einer frühen

Teenager-Beziehung nicht der Liebe wert. Oder Sie wurden ständig mit einem Geschwister verglichen, das als Überflieger galt, und haben sich mit einem Job abgefunden, den Sie nicht mögen, weil Sie befürchten, in einem Beruf, den sie lieben, zu scheitern.

Doch genauso, wie sich Ihre Überzeugungen und Meinungen zu Anfang gebildet haben, kann sich Ihr Gehirn immer wieder neu verdrahten und umprogrammieren. Denn dank seiner Neuroplastizität – seiner Fähigkeit, sich an Erfahrungen anzupassen – ist es flexibel. Wir müssen starre Denkmuster nicht behalten, es stimmt nicht, dass sich nichts ändern kann und das Leben so ist, wie es ist. Vielmehr haben wir die Chance, neue Denkweisen und Überzeugungen zu etablieren, sodass wir unser Leben anders als zuvor leben können.

Positive Gedanken sorgen für neue Bahnen im Gehirn. Durch Wiederholung und Übung werden diese gestärkt und es entstehen neue Verhaltensweisen. Die alten Bahnen werden dagegen seltener genutzt und verlieren sich immer mehr.

Fünf Techniken zum Lösen einschränkender Glaubenssätze

Für diese Übung wähle ich beispielhaft eine einschränkende Überzeugung, die viele von uns in Hinblick auf ihre berufliche Situation betrifft: »Es ist zu schwierig, mich selbstständig zu machen.« Sie lässt sich in mehreren Stufen auflösen.

Erkennen

Um sich Ihre einschränkenden Glaubenssätze bewusst zu machen, schreiben Sie zunächst auf, was Ihnen in den Sinn kommt, wenn Sie an die Verwirklichung eines bestimmten Wunsches denken. In unserem Beispiel möchten Sie vielleicht Ihren Job aufgeben und ein Online-Business aufbauen. Sie fühlen sich aber bei dem Gedanken an all das, was dafür zu tun ist, überfordert und finden sich damit ab, dass dieses Vorhaben einfach zu kompliziert ist.

Sich selbst herausfordern
Hinterfragen Sie nun Ihre Überzeugungen:

• Ist das, was ich denke, ein Glaube oder eine Tatsache?

• Habe ich immer so gedacht?

• Kann ich diese Überzeugung auf irgendein bestimmtes Ereignis zurückführen?

• Ist diese Überzeugung mir dienlich und wie beeinflusst sie mein Leben?

Für und Wider argumentieren

Im nächsten Schritt geht es darum, den Glaubenssatz zu entkräften, indem Sie ihn unterstützende sowie ihm widersprechende Argumente suchen. Warum unterstützende Argumente? Um sie anschließend zu widerlegen. So können Sie Ihre einschränkenden Glaubenssätze infrage stellen.

Als Beleg für Ihre einschränkende Überzeugung, dass es für Sie zu schwierig ist, ein Online-Business aufzubauen, kommt vielleicht Folgendes infrage:

1 Sie haben vor einigen Jahren ein Projekt ins Leben gerufen und in der ersten Woche keinen einzigen Verkauf getätigt. Also haben Sie Ihr Vorhaben wieder eingestellt.

2 Sie haben mit den Formalitäten begonnen und sich von den rechtlichen Vorgaben so überfordert gefühlt, dass Sie aufgegeben haben.

3 Ihre Eltern waren selbstständig und Sie haben in Ihrer Kindheit oft Negatives darüber gehört, was Ihren Glauben bestätigt.

4 Ihnen fehlen die Kenntnisse, um eine Webseite zu erstellen, Social Media zu nutzen, Marketing zu betreiben und alles andere zu tun, was notwendig ist, um im Internet erfolgreich zu sein.

Nun zu den Argumenten, die diese Ansichten widerlegen:

1 Vielleicht haben Sie schon einmal ein Projekt realisiert, doch entsprach es Ihren Neigungen? Vielleicht war es auch nicht der richtige Zeitpunkt dafür – oder für Sie. Haben Sie sich genug Zeit gelassen?

2 Sie können sich online und telefonisch zu den unternehmerischen Fragen Ihrer Selbstständigkeit beraten lassen. Gehen Sie in kleinen Schritten vor, um sich nicht zu überlasten. Haben Sie schon einmal ein Haus gekauft oder anderen Papierkram erledigt? Das beweist, dass Sie es schaffen können.

3 Ihre Eltern mögen unter den hinderlichen Glaubenssätzen gelitten haben, doch Sie können diese jetzt überwinden. Vergleichen Sie die Ressourcen Ihrer Eltern mit ihren. So können Sie auch verhindern, dass Sie diese Glaubenssätze weitergeben.

4 Vielleicht haben Sie derzeit nicht die entsprechenden Kenntnisse. Aber erinnern Sie sich daran, wie

Sie früher etwas Neues begonnen haben – etwa einen neuen Job mit ungewohnten Aufgaben und technischen Anforderungen? Und wie Sie dazulernten? Dasselbe können Sie nun wieder tun: lernen, während Sie arbeiten. Dank Webseiten wie Youtube können Sie sich die meisten Dinge selbst beibringen. Lassen Sie sich also nicht von der Angst leiten, dass Sie etwas nicht können.

Neue Glaubenssätze etablieren

Merken Sie, wie die Argumente gegen die limitierenden Überzeugungen Sie umdenken lassen? Im nächsten Schritt geht es darum, neue Glaubenssätze zu etablieren. Denken Sie darüber nach, wie Sie sich fühlen wollen. Was suchen Sie? Was wollen Sie erreichen? Welche Gedanken helfen Ihnen dabei? Ein neuer Glaubenssatz für unser Beispiel wäre etwa:

———

»Ich habe die Kraft, jedes Hindernis mit Leichtigkeit zu überwinden, und bin bereit, die Version von mir zu leben, die ein erfolgreiches Business hat.«

Sobald Sie Ihren förderlichen Glaubenssatz gefunden haben,

beginnen Sie damit, das Leben, das Sie sich wünschen, im Geiste zu realisieren, zum Beispiel indem Sie sich vorstellen, wie Sie Verkaufsbenachrichtigungen auf dem Smartphone erhalten oder Bestellungen verpacken und verschicken.

Handeln

Hat sich Ihr Denken geändert, wird Ihr Tun folgen. Bestärken Sie Ihren neuen Glauben, indem Sie so handeln, als wäre Ihre neue Überzeugung eine Tatsache. Wenn Sie zum Beispiel glauben, dass Sie jedes Hindernis überwinden können, das einer erfolgreichen Online-Business-Gründung entgegensteht, könnten Sie endlich in Webseiten-Hosting investieren oder einen Kurs in E-Mail-Marketing absolvieren. Aktivitäten wie diese dienen Ihnen als Beweis für Ihre neue Denkweise und verstärkt sie zugleich. Wenn Sie merken, dass Sie wieder in Ihre begrenzenden Glaubenssätze zurückfallen, führen Sie sich Ihr Handeln als Beleg für die Veränderung vor Augen.

———

Sich mit Verstärkern umgeben

Wenn wir einen einschränkenden Glaubenssatz haben, sucht unser Verstand nach Informationen, die belegen, dass er Fakt ist. In unserem Beispiel könnte ein solcher »Beweis« sein, dass über Firmenschließungen berichtet wird, Freunde Probleme haben, mit ihren Herzensprojekten genug Geld zum Leben zu verdienen, oder Schlagzeilen das schwierige Wirtschaftsklima in den Fokus rücken.

Diese einschränkenden Überzeugung können wir ändern, indem wir uns mit Verstärkern umgeben: Menschen, die so leben, wie wir es gerne wollen, und die Dinge tun, die wir tun möchten. Verstärker führen uns vor Augen, was möglich ist, denn sie sind Menschen wie wir.

Eine Möglichkeit besteht darin, in den sozialen Medien Menschen zu folgen, die auf Ihrem Gebiet erfolgreich sind. Umgeben Sie sich mit der Energie, die Sie selbst leben wollen, und beobachten Sie, wie schnell Ihre einschränkenden Glaubenssätze ins Wanken geraten.

———

»Verstärker führen Ihnen vor Augen, was möglich ist.«

Stärken Sie Ihre Manifestations-Magie mit der EFT-Klopfakupressur

Die Emotional Freedom Technique (EFT) oder Klopfakupressur, wie sie auch genannt wird, ist eine alternative Therapiemethode, entwickelt Mitte der 1990er-Jahre von Gary Craig, Absolvent der Stanford University und ordinierter Pfarrer. Auch wenn viele Mediziner diese Selbsthilfemethode nicht anerkennen, hat sie sich in Hunderten von Studien bei der Behandlung von Problemen wie Angstzuständen, posttraumatischen Belastungsstörungen (PTBS) und sogar körperlichen Schmerzen bewährt.

Bei der EFT wird mit Zeige- und Mittelfinger auf verschiedene Meridianpunkte des Körpers geklopft, um den Energiefluss wieder ins Gleichgewicht zu bringen. Das funktioniert ähnlich wie bei der Akupunktur. Die traditionelle chinesische Medizin (TCM) betrachtet die Meridiane als Bahnen, durch die die Körperenergie fließt. Sind sie blockiert oder auf andere Art gestört, können Unwohlsein und möglicherweise Krankheiten die Folge sein. Die Stimulierung bestimmter Punkte durch Klopfen mit den Fingern ist eine einfache Möglichkeit, die Energie wieder harmonisch fließen zu lassen.

Die EFT lässt sich mit dem Manifestieren verbinden, um negative Energie in unserem Körper in positive umzuwandeln. Das gelingt, indem wir Aussagen wiederholen, die bestimmte Emotionen hervorrufen, und so unseren Fokus neu ausrichten. Mit dieser Methode können wir uns aus einem unausgeglichenen Zustand zunächst in einen neutralen und anschließend in einen aufnahmebereiten versetzen, wodurch wir uns für neue Möglichkeiten öffnen. Wenn Sie möchten, können Sie sich die EFT wie ein Videospiel vorstellen: Indem Sie klopfen, steigen Sie Stufe um Stufe auf, bis Sie schließlich auf dem Siegerpodest stehen.

Eine Einführung zu den Meridianpunkten

Legen Sie Zeige- und Mittelfinger zusammen und klopfen Sie nacheinander auf die Punkte, wie in der Abbildung dargestellt. Sie entscheiden selbst, welche Seite des Gesichts Sie bevorzugen und ob Sie die linke oder die rechte Hand benutzen wollen.

1 Karatepunkt auf der Handkante

2 Auf dem Kopf

3 Augenbraue innen

4 Auge außen

5 Unter dem Auge, etwa 2,5 cm unter der Pupille

6 Unter der Nase, über der Oberlippe

7 Kinnmitte

8 Schlüsselbein

9 Unterhalb der Achsel

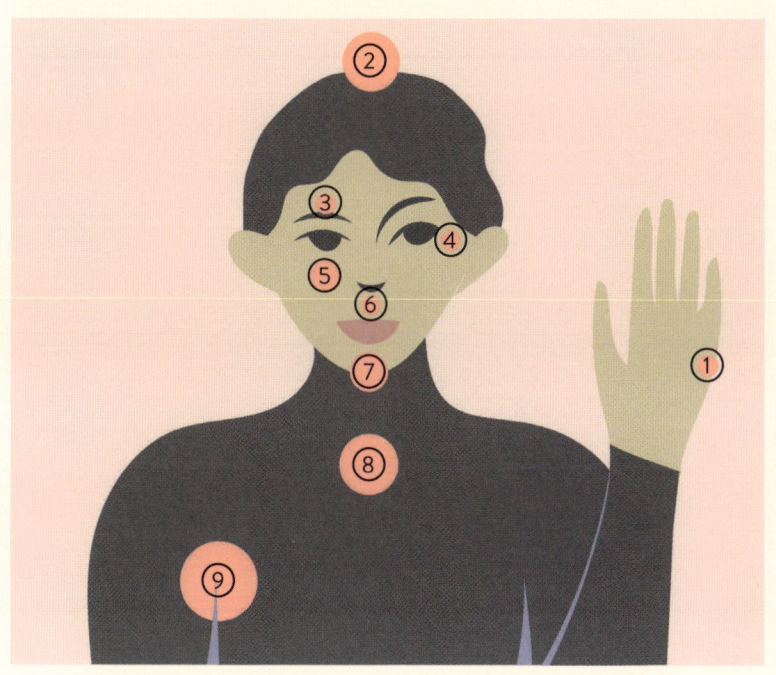

Mit der EFT in ein Möglichkeitsdenken gelangen

Wählen Sie als Erstes ein Thema, für das Sie Ihre Energie verändern wollen, beispielsweise: »Ich glaube, dass sich meine Wunschvorstellung nie manifestieren wird.«

———

Klopfen Sie nacheinander sanft auf die Meridianpunkte und wiederholen Sie den Satz: »Auch wenn ich glaube, dass sich meine Wunschvorstellung niemals manifestieren wird, liebe und akzeptiere ich mich voll und ganz.«

Wichtig ist, dass Sie dabei genau die Gefühle verspüren, die sich einstellen, wenn dieser limitierende Glaubenssatz Sie im Griff hat. Seien Sie so traurig, zornig und niedergeschlagen, wie Sie es in dieser Situation sind. Sie können diese Gefühle nur loslassen, wenn Sie sie an die Oberfläche bringen und zur Kenntnis nehmen.

Versetzen Sie sich dann in einen Zustand neutraler Energie, indem Sie einen »Vielleicht«-Satz sagen, zum Beispiel: »Vielleicht könnte ich mich dazu entscheiden, diesen einschränkenden Glaubenssatz loszulassen und die Dinge in einem anderen Licht zu sehen.« Klopfen Sie dabei wieder auf die Meridianpunkte und konzentrieren Sie sich auf die Energie der Möglichkeit. Wie würden Sie sich in einem neutralen Zustand fühlen?

Sobald Sie diesen neutraleren Zustand fühlen – Anzeichen dafür können sein, dass sich die Geschwindigkeit oder der Tonfall beim Sprechen, Ihre Körperhaltung oder Ihr Gesichtsausdruck verändert –, fangen Sie damit an, Ihre neue positive Überzeugung zu aktivieren: »Ich bin all das wert, was ich mir wünsche, und bin bereit, die Person zu werden, die ich sein muss, um meine Manifestationen willkommen zu heißen.« Nehmen Sie Ihre Gefühle weiterhin achtsam wahr. In dieser letzten Runde des Ausgleichs Ihrer Meridianpunkte streben Sie einen Zustand von hoher Schwingungsenergie an: Begeisterung, Freude und eine positive Einstellung.

EFT-Skript zum Erreichen Ihrer Ziele

Nun folgt eine Anleitung für EFT-Einsteiger. Weiter unten finden Sie ein ausführlicheres Skript, das Sie abwandeln können, sobald Ihnen die Meridianpunkte Ihres Körper vertraut sind. Sie können es an Ihre individuelle Situation anpassen, um Ihre persönlichen Glaubenssätze zu verändern.

Negative Phase

• Karatepunkt: Auch wenn ich glaube, dass ich meine Wünsche niemals manifestieren kann, liebe und akzeptiere ich mich voll und ganz.

• Auf dem Kopf: Auch wenn ich glaube, dass ich meine Ziele nie erreichen werde, liebe und akzeptiere ich mich voll und ganz.

• Augenbraue innen: Auch wenn ich glaube, dass ich jedes Mal scheitere, wenn ich eine neue Gewohnheit einführen will, liebe und akzeptiere ich mich voll und ganz.

• Auge außen: Auch wenn ich glaube, dass ich meine Wünsche niemals manifestieren kann, liebe und akzeptiere ich mich voll und ganz.

• Unter dem Auge: Auch wenn ich glaube, dass ich meine Ziele nie erreichen werde, liebe und akzeptiere ich mich voll und ganz.

• Über der Oberlippe: Auch wenn ich glaube, dass ich jedes Mal scheitere, wenn ich eine neue Gewohnheit einführen will, liebe und akzeptiere ich mich voll und ganz.

• Kinnmitte: Auch wenn ich glaube, dass ich meine Wünsche niemals manifestieren kann, liebe und akzeptiere ich mich voll und ganz.

• Schlüsselbein: Auch wenn ich glaube, dass ich meine Ziele nie erreichen werde, liebe und akzeptiere ich mich voll und ganz.

• Unterhalb der Achsel: Auch wenn ich glaube, dass ich jedes Mal scheitere, wenn ich eine neue Gewohnheit einführen will, liebe und akzeptiere ich mich voll und ganz.

Neutrale Übergangsphase

• Karatepunkt: Vielleicht könnte ich beginnen, diese Überzeugungen anders zu sehen.

• Auf dem Kopf: Vielleicht könnte ich diese Überzeugungen ändern.

• Augenbraue innen: Vielleicht kann ich diese Überzeugungen loslassen.

• Auge außen: Ich beschließe, die Überzeugung loszulassen.

• Unter dem Auge: Das sind nur Geschichten, die ich mir selbst erzählt habe.

• Über der Oberlippe: Was, wenn ich mir erlauben würde, eine andere Geschichte zu erzählen?

• Kinnmitte: Was, wenn ich mir erlauben würde, die Sache anders zu sehen?

• Schlüsselbein: Was, wenn ich mir erlauben würde, etwas anderes zu glauben?

• Unterhalb der Achsel: Ich entscheide mich, diese Überzeugungen loszulassen und neu anzufangen.

Fragen Sie sich jetzt, ob Sie eine Veränderung Ihrer Energie spüren. Wenn nicht, wiederholen Sie diesen Ablauf, bis sich tatsächlich etwas verändert. Erst dann folgt die nächste Phase.

Positive Phase

• Karatepunkt: Ich bin bereit, die Person zu sein, die ich werden will.

• Auf dem Kopf: Ich erreiche alles, was ich mir vornehme.

• Augenbraue innen: Das Universum unterstützt mich auf meinem Weg zu einem höheren Wohl.

• Auge außen: Die Menschen spiegeln wider, wer ich bin und was ich glaube – sie spiegeln mir die hohe Schwingung zurück, die ich in die Welt hinaussende.

• Unter dem Auge: Ich bin meiner Wünsche würdig.

• Über der Oberlippe: Ich bin bereit, den Überfluss in meinem Business willkommen zu heißen.

• Kinnmitte: Ich bin energetisch bereit, meine Ziele zu erreichen.

• Schlüsselbein: Ich heiße mehr Liebe und Verbundenheit willkommen.

• Unterhalb der Achsel: Ich bin die Schöpferin meines Lebens.

Schließen Sie die Augen, legen Sie die Hände mit den Handflächen nach oben auf den Schoß und vertiefen Sie Ihre Atmung.

SCHRITT
7
Handeln

Sie haben sich schon vorher einmal mit dem
Gesetz der Anziehung beschäftigt? Dann ist
Ihnen die Vorstellung, dass Sie Ihre größten
Wünsche allein durch Ihre bewussten Gedanken
manifestieren können, vielleicht vertraut. Manche
Manifestationsgurus sagen, dass Ihnen das, worum
Sie bitten, sicher gegeben wird. Bis zu einem
gewissen Grad stimmt das auch.

Das Gesetz der Anziehung durch Handeln unterstützen

Es liegt wahre Kraft darin, sich auf die Energie aus-zurichten, die man anziehen möchte, und dann los-zulassen. Das ist das Schöne am Manifestieren. Sie bitten um die Erfüllung Ihres Wunsches und das Uni-versum wird zum Mitschöpfer, um diese Vorstellung oder etwas besser Geeignetes zu verwirklichen.

Die bisher vorgestellten Konzepte haben sich auf unser Inneres konzentriert. Ich selbst habe Wünsche manifestiert, indem ich sie einfach herbeigesprochen habe. Manchmal genügt es, sich in eine höhere Schwingung einzustimmen und dem göttlichen Timing zu vertrauen, um verblüffende magische Momente anzuziehen.

Doch je mehr Sie tun, um die Manifestation Ihrer Wünsche zu fördern, desto bessere Resultate wer-den sich einstellen. Und zwar, weil sich dann Spiritualität und Strategie vereinen. Stellen Sie sich Ihren ersten Schritt inspirierten Handelns als das Anknipsen einer Glühbirne vor, die den Weg beleuchtet, der vor Ihnen liegt. Folgen Sie Ihrem Bauchgefühl, setzen Sie eine Kette von Ereignissen in Gang, die zur Erfüllung Ihres Wunschs führt.

»*Dies ist der Moment, in dem sich Spiritualität und Strategie vereinen.*«

Downloads aus dem Universum

Während Handeln an sich ergebnis- und lösungsorientiert ist, bedeutet inspiriertes Handeln, einem starken inneren Antrieb zu folgen, der in der Vision Ihres Lebenstraums seinen Ursprung hat.

Stellen Sie sich dieses Handeln als inneren Kompass vor, der Sie zur Manifestation führt, indem Sie Schritte in die richtige Richtung gehen – sei es eine unvermittelte Idee im Job oder die intuitive Zusage nach einer spontanen Einladung.

Solche Eingebungen werden spirituell auch Downloads aus dem Universum genannt. Dahinter steckt die Vorstellung, dass unser Geist einer Computerfestplatte ähnelt, an die das Universum Ideen, Zeichen und Hinweise sendet, um uns in Richtung unserer Visionen zu stupsen.

Selbsterkenntnis und Übung lassen Sie nach und nach erkennen, wann Sie einen Download aus dem Universum erhalten, etwa in Form eines Gedankens, und Ihr Bauchgefühl wird Ihnen sagen, wann Ihre höhere Führung wirkt. Das Bauchgefühl ist einer unserer stärksten Hinweisgeber überhaupt, doch viele Menschen setzen sich darüber hinweg oder ignorieren es.

Universelle Downloads erreichen Sie, wenn Sie den Lärm der Außenwelt reduzieren. Schon zehn Minuten Meditation pro Tag können Ihre Kanäle so weit reinigen, dass das Universum eine Verbindung herstellen kann. Wenn es Ihnen schwerfällt, in Stille zu sitzen, können Sie geführten Meditationen auf Youtube oder Apps wie Headspace oder Calm folgen. Auch ein Spaziergang an der frischen Luft öffnet Sie für universelle Downloads. Lassen Sie Ihr Telefon in der Tasche, wenn Sie es dabei haben müssen, und geben Sie Ihrem Geist Raum. Downloads können auch im Schlaf als lebhafte Träume auftreten, wenn Sie sich auf das Unterbewusste einlassen.

Legen Sie sich einen Stift und ein Notizbuch ans Bett, um Ideen und Gedanken, die Ihnen bewusst werden, sofort zu notieren. So vergessen Sie nichts und können gut in den Tag starten.

Risiken eingehen

Darf ich Ihnen einen Rat geben? Wenn Sie vollkommen in Harmonie mit Ihrer Wunschvorstellung sind und einen Hinweis vom Universum erhalten, der Sie der Verwirklichung näherbringt, werden Sie aktiv, bevor sich diese Energie verflüchtigt.

Wer ein Business oder ein Herzensprojekt realisieren möchte, weiß, was ich meine. Haben Sie schon mal eine Idee beiseitegeschoben und danach festgestellt, dass jemand anderes sie umgesetzt hat? Das Universum gab Ihnen einen Stupser und Sie haben nicht reagiert, also ging das Ganze woandershin. Das heißt nicht, dass Sie nicht trotzdem vorankommen können, aber Ideen werden uns aus gutem Grund zu einer bestimmten Zeit gegeben. Handeln Sie dann.

Inspiriertes Handeln ist aufregend und motivierend, vielleicht auch beängstigend – so, als würde man sich in ein Abenteuer stürzen: Schmetterlinge im Bauch und den Kopf voller Ideen. Dann wieder fühlt man sich vielleicht ruhig und wissend, als würde alles stimmen.

Doch wenn Ihnen etwas gezwungen oder unausgewogen vorkommt, Sie zu viel nachdenken und feststellen, dass Sie Ihren Wunsch ersticken, treten Sie einen Schritt zurück und lassen Sie los. Handeln Sie, weil Sie glauben, dem Universum entgegenkommen zu müssen, oder weil es sich gut anfühlt? Was sagt Ihr Bauchgefühl?

Gut, Sie haben also eine Idee, wie Sie Ihr Leben ändern können. Aber es gibt ein Problem: Angst. Fragen Sie sich als Erstes, was schlimmstenfalls passiert, wenn Sie inspiriert handeln und Ihr Vorhaben aus irgendeinem Grund nicht klappt.

Stellen Sie sich zum Beispiel vor, dass Sie Ihrem Chef eine Idee vorgestellt haben, die ihm nicht gefallen hat. Werden Sie nun entlassen? Nein. Das Universum könnte sogar gewusst haben, dass eine Beförderung ansteht, und mit Ihrem Vorschlag haben Sie gegenüber der Person, die diese Stelle besetzen soll, Hartnäckigkeit und Tatendrang bewiesen. Vielleicht haben Sie auch den Grundstein dafür gelegt, mehr Verantwortung in Ihrem

»Das Bauchgefühl ist
einer unserer stärksten
Hinweisgeber
überhaupt.«

Team zu bekommen, was eine Gehaltserhöhung mit sich bringt.

Auf den Seiten 138 und 139 finden Sie mehr zum Thema Umwege statt Ablehnung. Aber verstehen Sie schon jetzt, dass inspiriertes Handeln nicht sofort Früchte tragen muss? Betrachten Sie das Ganze als langfristiges Spiel, nicht als sofortige Belohnung.

Inspiriertes Handeln kann riskant wirken. Sie sollten jedoch darauf vertrauen, dass Ihnen, unabhängig vom Ergebnis, nichts passieren kann. Wenn Sie falsch abbiegen, wird das Universum Sie wieder auf den richtigen Weg führen.

Manche Menschen gehen mit so viel Angst durchs Leben, dass sie nie etwas wagen und schließlich nur noch vor sich hin leben, statt ihr Leben zu gestalten. Risiken gehören zum Leben. Doch weil wir Angst davor haben, was kommen mag, meiden wir sie – obwohl es viel besser sein könnte als das, was wir haben. Was genau wird passieren, wenn Sie »scheitern«? Denken Sie mal darüber nach. Was passiert, wenn Sie etwas tun, um Ihr Ziel zu erreichen, und es klappt nicht wie geplant? Haben Sie Angst davor, dass andere Sie verurteilen? Oder ablehnen?

In Wahrheit fürchten wir unsere eigenen Gefühle, wenn wir uns mit solchen Szenarien konfrontieren. Wir gehen kein Risiko ein, weil

wir uns nicht schämen, nicht blamieren, nicht dumm fühlen wollen. Aber wissen Sie was? Weil Sie jetzt verstehen, dass es um Ihre eigenen Gefühle geht, haben Sie die Macht, aktiv etwas zu tun. Wir alle können unsere Gefühle durch unsere Gedanken verändern.

Es hat Zeiten gegeben, in denen ich voll ins Risiko gegangen bin, und es hat sich nicht so ausgezahlt, wie ich es mir vorgestellt hatte. In meinen Zwanzigern packte ich mein ganzes Hab und Gut und zog Hunderte von Kilometern von zu Hause weg ins große, leuchtende London. Ich träumte davon, in dieser fantastischen Stadt zu leben, mich zu verlieben, neue Freunde zu finden, Aufregendes zu erleben und Karriere zu machen. Mein Visionboard war gut bestückt mit London-Bildern. Ich manifestierte eine Wohnung, zudem eine Gehaltserhöhung und die Erlaubnis zum Umzug von meinem Chef. Danke, Universum.

War es das Happy End meiner Träume? Nein. Ich lebte ein Jahr in London, fühlte mich schrecklich einsam, vermisste meine Freunde und die Familie und mochte meinen Beruf nicht mehr. Eine dreifache Katastrophe. Lange Zeit war mein Ego stärker als meine Intuition. Intuitiv hätte es mich nach Hause gezogen, aber mein Ego wollte etwas anderes.

Was ist das Ego?

Während die Seele uns mit Intuition auf den Pfad unserer Bestimmung führt, sorgt das Ego für unser Überleben und stellt sicher, dass unsere Grundbedürfnisse befriedigt werden. Das Problem mit dem Ego ist, dass die meisten Menschen ihm die Herrschaft überlassen. Dies war für die Höhlenmenschen sicherlich wichtig, für uns ist es das heute aber nicht mehr.

Das Ego bewertet uns und andere. Es will immer Kontrolle ausüben. Es hält uns ständig dazu an nachzudenken, Bestätigung zu suchen und zu überlegen, was wir tun sollten, statt dass es uns tun lässt, was wir möchten. Wir zweifeln unsere Entscheidungen an. Doch im Gegensatz zur Weite unserer Intuition ist unser Denken begrenzt.

Wenn wir dem Ego die Kontrolle überlassen, kann unser emotionaler Zustand von Schuld, Groll, Stolz, Selbstgefälligkeit und Eifersucht geprägt sein. Da diese Gefühle mit niedriger Frequenz schwingen, entsteht eine gewisse Schwere bei den entsprechenden Gedanken.

Meine gesamte Existenz nach dem Umzug war von meinem Ego geleitet. Was würden die Leute denken? Wie könnte ich einen guten Eindruck hinterlassen? Am liebsten würde ich heute diese Version von mir in die Arme nehmen und fest drücken.

Zwischen Ego und Intuition unterscheiden

Es gibt mehrere Möglichkeiten, die Stimme des Egos von der der Intuition zu unterscheiden.

• Während Ihre Intuition ruhig ist und auf Liebe basiert, ist Ihr Ego hektisch, selbstkritisch und negativ. Es wird laut, um seine Kontrolle zu verstärken.

• Wenn Ihre Intuition Sie zu leiten beginnt, verspüren Sie Sicherheit und Gewissheit. Das Ego hingegen listet sofort auf, warum Sie etwas nicht tun sollten und welche negativen Dinge passieren, wenn Sie weitermachen.

• Wenn Sie sich eine Frage stellen, gibt Ihre Intuition Ihnen eine Antwort, während das Ego kurz darauf Ihre erste Entscheidung übermäßig analysiert und infrage stellt.

• Ihre Intuition gibt Ihnen die Freiheit, mit der Lebensenergie zu fließen, während Ihr Ego Sie unter Druck setzt, Entweder-oder-Entscheidungen zu treffen.

Mit dem Ego arbeiten

Vielleicht erwarten Sie, dass ich Ihnen sage, wie man das Ego bekämpft und es zum Schweigen bringt. Aber tatsächlich hat es eine Aufgabe: Es ist dazu da, uns vor Gefahren zu beschützen. Deshalb fokussiert diese nörgelnde Stimme all das Negative, wenn Sie sich aus Ihrer Komfortzone herauswagen.

———

Sie können Ego und Intuition ins Gleichgewicht bringen, indem Sie sich auf Mitgefühl und Selbstliebe einstimmen. Für uns Menschen ist vorgesehen, Ganzheit zu erleben, während wir unser Leben leben – das wäre ohne Ego nicht möglich.

Beginnen Sie damit, Ihr Ego anzuerkennen, indem Sie ihm einen Namen geben. Meines heißt Kate. Kate will nur das Beste für mich, aber wenn sie anfängt, meine Entscheidungen infrage zu stellen, danke ich ihr für ihre Besorgnis und lasse sie wissen, dass ich gut aufgehoben und dazu bereit bin, meine Komfortzone zu vergrößern.

Kate kann ziemlich verletzende Dinge sagen. Das ist der Moment, in dem ich mich von einem Gedanken löse. Unser Ego erkennt nicht die ganze Wahrheit. Wir akzeptieren also, dass unser Ego spricht, und trennen unsere Verbindung zu ihm.

Und was passiert, wenn Sie mit der Zeit eine bessere Beziehung zu Ihrem Ego aufbauen? Es wird leiser, weniger ängstlich und Sie können sich mit Leichtigkeit auf Ihre Intuition einstimmen.

Welchen Namen geben Sie also Ihrem Ego?

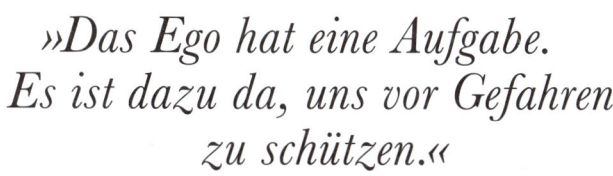

»Das Ego hat eine Aufgabe.
Es ist dazu da, uns vor Gefahren
zu schützen.«

Stärken Sie Ihre Manifestations-Magie mit Tagebuchschreiben

Dieses Kapitel hat Ihnen verschiedene Möglichkeiten aufgezeigt, wie Sie Ihre Intuition aktivieren und inspiriert handeln können. Eine der effektivsten Methoden, um etwas vom Universum zu empfangen, besteht darin, sich durch Tagebuchschreiben mit ihm zu verbinden.

1 Finden Sie einen ruhigen, bequemen Platz, an dem Sie ungestört sind, und schalten Sie Ihr Telefon stumm.

2 Erden Sie sich, indem Sie viermal durch die Nase ein- und durch den Mund ausatmen. Dreimal wiederholen.

3 Wenn sich Ihre Schultern senken und Sie sich entspannen, öffnen Sie Ihr Tagebuch und schreiben auf, wo Sie sich Klarheit wünschen. Sie können das Universum bitten, Ihnen bei einer schwierigen Entscheidung zu helfen oder Ihnen Klarheit zu schenken, welche Richtung Sie Ihrem Leben geben sollen. Oder Sie fragen einfach, worauf Sie sich diese Woche konzentrieren sollen.

4 Konzentrieren Sie sich auf Ihre Atmung und schreiben Sie alle Gedanken auf, die Ihnen in den Sinn kommen, ohne auf Grammatik und Satzstruktur zu achten. Das nennt man Bewusstseinsstrom: Sie lassen Ihre Gedanken auf das Papier fließen und kanalisieren, was Ihnen eingegeben wird.

5 Vielleicht finden sich Ideen oder Lösungen, die Sie vor lauter Gedankenchaos nicht gesehen haben, oder Sie erkennen limitierende Glaubenssätze (siehe Seite 101 bis 103) und erinnern sich daran, wie Sie diese lösen können.

6 Sind Sie fertig mit Ihrem Tagebucheintrag, danken Sie dem Universum dafür, dass es Ihnen die Führung oder die Lösung gegeben hat, um die Sie gebeten haben.

In Wahrheit kennen wir die Antworten auf die Fragen unseres Lebens bereits. Aber unser Ego und unsere uns unbewusst limitierenden Glaubenssätze beeinträchtigen unsere Fähigkeit hinzuhören.

Ich fing 2020 damit an, meine spirituelle Selbstfürsorge durch inspiriertes Tagebuchschreiben zu ergänzen, als Angst grassierte und ich – wie die meisten Menschen angesichts der globalen Pandemie – den Kampf-oder-Flucht-Modus aktiviert hatte. Das Schreiben half mir, meiner inneren Führung zu folgen, um Ruhe zu finden, zeigte mir, was mich energetisch auslaugte und wie ich durch diese schwierige Zeit kommen konnte. Inzwischen ist es fester Teil meiner Wochenroutine.

»In Wahrheit kennen wir die Antworten auf die Fragen unseres Lebens bereits.«

SCHRITT
8

Das Ergebnis loslassen

Langsam nähert sich dieses Buch seinem
Ende. Das vorletzte Kapitel möchte ich
dazu nutzen anzusprechen, wie Sie Ihre
Anhaftung an das Ergebnis loslassen
können. Betrachten Sie es als große,
beruhigende Umarmung, die Ihnen
Sicherheit schenkt.

Das Universum steht dir bei

Wer gelernt hat, sich mit den Kräften des Universums zu verbinden und dessen Gesetze ins tägliche Leben zu integrieren, verändert dadurch sein ganzes Leben.

Um sich das Gesetz der Anziehung voll und ganz zu eigen zu machen, ist jedoch Vertrauen erforderlich. Zu manifestieren erfordert Glauben: Glauben an etwas, das wir nicht sehen können. Und es erfordert die Stärke, das Ergebnis loszulassen.

————

Nachdem ich das Gesetz der Anziehung entdeckt hatte, war das Einzige, mit dem ich zu kämpfen hatte, das Konzept des Loslassens. Schließlich ging ich davon aus, wir müssten uns unsere Manifestation vergegenwärtigen, damit sie eintritt. Sollen wir nicht inspiriert handeln? Nicht visualisieren, dass unser Wunsch uns gehört? Wie soll das gehen, wenn wir ihn gleichzeitig loslassen und dem Universum überlassen sollen? An diesem Punkt meiner Reise war mein innerlicher Protest laut.

Selbst wenn ich mich heute als Meisterin der Manifestation betrachte – ich habe dafür Jahre des bewussten Ver- und Neulernens gebraucht. Auch um zu verstehen, wie meine eigene Energie fließt. Nur so lernte ich, darauf zu vertrauen, dass das, was für mich gedacht ist, nie einfach an mir vorbeigehen wird. Jedes Mal, wenn etwas an mir vorbeizog, das ich für mich bestimmt glaubte, machte es Platz für etwas Besseres.

Geduldig zu sein haben wir in den letzten vier Jahrzehnten zunehmend verlernt, denn dank des technischen Fortschritts müssen wir kaum noch warten. In der Mikrowelle wird unser Essen in Minuten warm. Das Internet ist ständig zugänglich und Online-Bestellungen werden innerhalb von 24 Stunden geliefert, wenn nicht sogar noch schneller. Kein Wunder also, dass wir fünf Minuten, nachdem wir etwas beim Universum bestellt haben, rastlos umhertigern, weil wir glauben, unser Wunsch sei auf der Strecke geblieben.

Erst als ich gelernt hatte, bewusst zu manifestieren, konnte ich sehen, welche Kraft darin liegt, das Wie und Wann loszulassen.

Um zu manifestieren, können wir an unseren inneren Überzeugungen arbeiten, uns mit dem Universum verbinden und unsere Wünsche herbeirufen, aber wie und wann sie sich erfüllen, liegt jenseits unserer Kontrolle. Das soll auch so sein, es geht ja ums Miterschaffen.

Wenn Sie Ihre Manifestation herbeirufen und dann immer wieder neu überlegen, prüfen, Ihre Meinung ändern und wieder prüfen, strangulieren Sie Ihren Wunsch langsam, aber sicher. Genauso gut könnten Sie das Universum anrufen und ihm sagen, dass Sie kein Vertrauen haben.

Das ist in etwa so, als würden Sie in ein Restaurant gehen, etwas bestellen, sich hinter den Koch stellen, fragen, wann das Essen fertig ist, wie es angerichtet wird und auf welchem Teller. Können Sie sich das vorstellen? Eine Person, die ihre Wünsche fest im Griff hat, wird zum Kontrollfreak. Ihre Schwingung kann sich spürbar verschieben, sie nähert sich der Verzweiflung an und entfernt sich von der Verbundenheit.

Ich habe Hunderte von E-Mails von Menschen erhalten, die mit dem Manifestieren begonnen haben. Viele erklären, dass sie einen Dankesbrief an das Universum geschrieben, ihre Denkweise geändert und Gutes in die Welt gesetzt haben – und sie fragen, was sie sonst noch tun können, um die Manifestation ihrer Wünsche zu beschleunigen.

Meine Antwort lautet: Für das Manifestieren entscheidend ist die Energie, die wir aussenden und die wir zurückbekommen. Welche Art von Energie schicken Sie ins Universum, wenn Sie alle verfügbaren Manifestationstechniken anwenden? Das zeigt doch, dass Sie nicht ans Manifestieren glauben, oder? Sie vertrauen dem Universum nicht, dass es nach seinem göttlichen Zeitplan liefern wird. Sie bezweifeln, dass Ihre Gedanken Ihre Realität erschaffen können. Das ist der stärkste Hinweis auf Mangeldenken.

Suchen wir nach Beispielen, in denen das Loslassen funktioniert hat, bekommen wir Geschichten von Menschen zu hören, die in dem Augenblick, in dem sie ihre Wünsche losließen, ihre große Liebe oder ihr Traumhaus fanden.

Wie können wir das Ergebnis loslassen?

Die ehrliche Antwort auf diese Frage lautet, dass Sie zufrieden sein müssen, auch wenn sich Ihr Wunsch nicht manifestiert. Sie müssen Plan B akzeptieren. Es geht darum, dass Sie Ihr Leben so gestalten, dass Sie mit allem, was Ihnen begegnet, zufrieden sind und es als Segen und Geschenk empfinden. Natürlich ist es schwierig, wenn sich ein Herzenswunsch – ein Kind, eine Beziehung oder bessere Gesundheit – nicht manifestiert. Es fällt nicht leicht, sich dann auf Alternativen zu konzentrieren, aber es ist möglich. Mit dem eigenen Lebensweg zufrieden zu sein, egal wie er verläuft, ist die größte Freiheit für uns Menschen. Denn in dem Moment, in dem wir unseren Griff lösen und uns über ein anderes Ergebnis freuen, wird das Universum uns genau das liefern, wonach wir gesucht haben.

Beim Manifestieren geht es darum, gemeinsam mit dem Universum das eigene Leben zu erschaffen. Wir müssen darauf vertrauen, dass das Universum seinen Teil beiträgt. Es kommuniziert immer auf irgendeine Weise mit uns, sei es durch Zeichen, Eingebungen oder göttliche Intervention. Um diese zu erkennen, müssen Sie Ihre Augen, Ihren Geist und Ihre Seele dafür öffnen (mehr dazu auf den Seiten 150 bis 153).

Vielleicht sollten Sie sich auch einmal fragen, ob Sie so sehr an Ihrer Manifestation festhalten, weil Sie annehmen, dass sie Ihnen Glück bringt, wenn sie eintrifft.

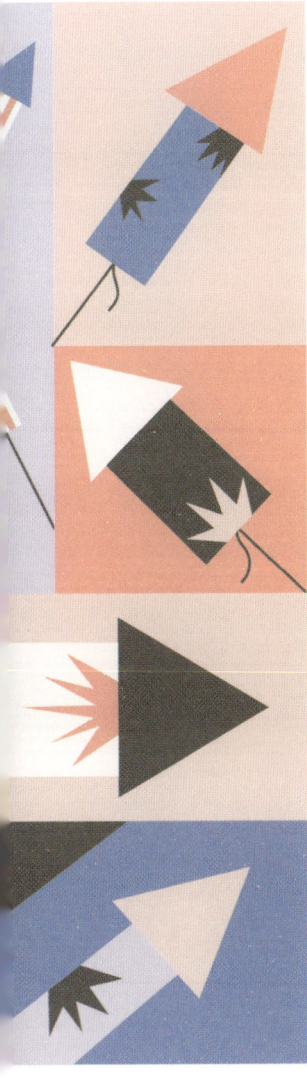

Oft leben wir gedanklich in der Vergangenheit oder sorgen uns um die Zukunft, planen sie, ohne zu akzeptieren, dass die jetzige Sekunde das Einzige ist, was wir kontrollieren können. Nur im Hier und Jetzt sind wir im »Sein« präsent.

Wir wollen bestimmte Dinge manifestieren, weil wir annehmen, dass mit dem Ergebnis ein gewisses Maß an Glück verbunden ist. Doch wenn wir so denken, statt im tiefsten Inneren mit dem glücklich zu sein, was wir sind, wird uns keine noch so große Magie des Universums Erfüllung bringen.

Wir sind darauf programmiert zu glauben, dass wir uns großartig fühlen, wenn wir ein neues Auto bekommen, oder dass unsere Arbeit uns leichter fällt, wenn unser Chef uns eine Gehaltserhöhung gewährt. Ja, bis zu einem gewissen Grad können diese materiellen Dinge uns glücklich machen. Aber dieser Rausch beruht auf einer flüchtigen Ausschüttung von Serotonin im Gehirn. Ist die Wirkung vergangen, schauen wir auf unser Visionboard, um zu sehen, was sich als Nächstes erfüllen soll.

Doch das Glück, das Sie suchen, schlummert bereits in Ihnen. Sie brauchen nicht abzuwarten, dass sich dieses Gefühl einstellt, weil Sie einen bestimmten Betrag auf Ihrem Bankkonto, ein bestimmtes Gewicht auf der Waage oder eine bestimmte Stufe auf der Karriereleiter erklommen haben. Sie können die Schwingungen des Glücks einfach durch Ihre Gedanken aktivieren. Genau deshalb haben wir uns zu Beginn dieses Buches so eingehend mit unseren seelischen Zielen beschäftigt.

Impulse zum Loslassen

Hier sind vier Fragen, von denen Sie sich beim Tagebuchschreiben leiten lassen können, wenn es Ihnen schwerfällt, die Manifestation Ihres Wunsches loszulassen:

· Was hält Sie davon ab, Ihre Manifestation vollständig loszulassen?

· Was befürchten Sie, wenn Ihre Manifestation nicht sofort in Erfüllung geht?

· Was kann Sie jetzt, in diesem Moment, glücklich machen und Ihre Energie beruhigen?

· Wie sieht Ihr Plan B aus, während Sie dem Universum Ihren Plan A überlassen, um daran zu arbeiten?

»*Das Glück, das Sie suchen, steckt bereits in Ihnen.*«

Loslassen durch Quantenverschiebung

Bei einer Quantenverschiebung oder einem Quantensprung versetzt man sich in eine andere Version seiner selbst in einer alternativen Realität. Voraussetzung dafür ist die Entscheidung, das Leben auf andere Weise zu erleben. Auch wenn sich das eher nach einem Science-Fiction-Film anhört, haben Sie wahrscheinlich schon Quantensprünge hinter sich. Vielleicht haben Sie sich als Kind einmal verletzt – und der Schmerz verflog, nachdem Ihre Mutter ihn weggeküsst hatte? Oder vielleicht hat Ihnen Ihr Großvater ein heißes Limonadengebräu gegeben, das bei jeder Krankheit helfen sollte, und schon nach dem ersten Schluck haben Sie sich besser gefühlt. Der Placebo-Effekt in solchen Situationen ist ein Paradebeispiel für eine Quantenverschiebung.

Wir stellen uns einen gewünschten Zustand vor und begeben uns in diese Realität. In der anderen Realität sitzen wir unglücklich zu Hause und verschwenden unsere Zeit, während wir draußen mit

unseren Freunden spielen könnten. Erkennen Sie, dass uns in jedem Moment verschiedene Optionen zur Verfügung stehen und wir uns durch Quantenverschiebung in die Realität begeben können, die für uns am wohltuendsten ist?

———

Im Internet gibt es eine Fülle von geführten Meditationen, die die Quantenverschiebung unterstützen. Am einfachsten treten Sie jedoch in eine andere Realität ein, wenn Sie sich die Version Ihrer selbst vorstellen, die ihre Manifestation bereits erhalten hat. Spüren Sie, wie diese Person geht, spricht, sich kleidet, sich fühlt – so begeben Sie sich in der Vorstellung mit Ihrem Körper in diese neue Realität. Erklären Sie voller Selbstvertrauen, dass Sie diese Person sind.

Sie gehen ruhig in diese Wunschversion von sich über und plötzlich hört das Universum Ihren Ruf. Sie haben keinen Grund mehr, sich über das Wie und Wann Gedanken zu machen, denn Sie sind in eine Realität mit einer steten, stabilen Schwingung gesprungen. Sie sind nun die zuversichtliche Version von sich, die sicher weiß, dass ihre Wünsche erfüllt werden. Sie gehören bereits Ihnen, Sie warten nur noch auf deren Ankunft. Leben Sie diese unerschütterliche Version von sich jeden Tag, bis Ihre Realität sich anpasst.

Nein bedeutet: neue Chance

Eine Denkweise, die sehr viel Kraft gibt, lautet »Nein heißt: neue Chance«. Manchmal fühlte ich mich meiner Manifestation ganz nah, und dann – schnipp – war sie weg. So wie damals, als ich mich um meinen Traumjob als Modeassistentin bei einer großen Zeitschrift bewarb, aber nicht zum Vorstellungsgespräch eingeladen wurde. Ich empfand das als totale Ablehnung. Nur wenige Monate später wurde mir eine Stelle als Redaktions- assistentin bei einem Verlag angeboten, der näher an meinem Wohnort lag. Während ich mich in der Mode und als Assistentin sah, hatte das Universum andere Pläne für mich und brachte mich dem Karriereziel, das ich damals anstrebte, näher.

Ob es sich um eine Stelle handelte, auf die ich mich beworben hatte und die jemand besser Geeignetes bekam, Beziehungen, die nicht funktionierten, Häuser, die jemand mir wegschnappte, oder Pläne, die abgesagt wurden – jedes Mal, wenn ich einen Umweg nehmen musste, wartete um die Ecke etwas anderes auf mich.

———

Nie ging es um Ablehnung, sondern immer um Umlenkung. Ich kenne viele Geschichten, wie Menschen versuchten, ihr vermeintliches Traumhaus zu kaufen, aber in letzter Minute überboten wurden und es nicht bekamen. Monate später fanden sie ein noch besseres Haus, das ihren Bedürfnissen mehr entsprach.

Wenn Sie in eine andere Richtung gelenkt werden, geschieht dies, weil das Universum viel weitsichtiger ist als Sie. Vielleicht war der abgesagte Job mit zu viel Stress verbunden. Oder eine Beziehung klappte nicht, weil das

Universum wusste, dass Sie und die andere Person energetisch nicht zusammenpassten. Oder eine Reise fiel aus, weil Sie an einem anderen Ort sein sollten.

Das Universum will nicht, dass Sie scheitern, und errichtet keine Hürden. Es ist dazu da, Sie zu leiten und Ihnen ein Leben anzubieten, das Sie wirklich lieben. Es möchte, dass Sie auf möglichst wenig Widerstand stoßen. Folgen Sie also Ihrer Intuition, um ein Leben zu führen, in dem Ihre Seele im Mittelpunkt steht, und verstehen Sie, dass ein Nein Sie auf den richtigen Weg führt.

Stärken Sie Ihre Manifestations-Magie mit Affirmationen

Sobald der Begriff »Affirmationen« fällt, stellen wir uns als Erstes vor, wie wir unbeholfen vor dem Badezimmerspiegel stehen, mit dem Zeigefinger auf unser Spiegelbild deuten und uns erzählen, wie toll wir sind. Auch wenn Sie bei dem Gedanken, jeden Tag positive Aussagen zu wiederholen, möglicherweise die Augen verdrehen, steckt in dieser Übung Hilfreiches für den Alltag.

Vereinfacht gesagt: Affirmation sollen uns dabei helfen, negatives Denken zu überwinden. Ein altes, wenig hilfreiches Narrativ in Ihrem Unterbewusstsein wird durch ein positiveres Skript ersetzt. Mit jeder Wiederholung der positiven Aussage wird Ihr Unterbewusstsein umprogrammiert, denn es kann nicht zwischen Tatsache und Glauben unterscheiden.

Sie können positive Aussagen beispielsweise nutzen, um Ihr Selbstwertgefühl zu festigen, Ihre Einstellung zu Ihren beruflichen Fähigkeiten zu verändern oder auch Ihr Selbstvertrauen für ein erstes Date zu stärken.

Ob Sie Ihre Affirmationen jeden Morgen aufschreiben oder im Lauf des Tages laut wiederholen – Ihre Formulierungen sollten realistisch sein. Wenn Sie sich zum Beispiel auf Selbstliebe und Ihr Körperbild konzentrieren, überzeugt Sie die Affirmation »Ich liebe es, wie mein Körper im Spiegel aussieht« vielleicht nicht. Einen Satz wie »Ich wertschätze meinen Körper für alles, was er mir bisher ermöglicht hat« nehmen Sie samt seiner Energie eventuell leichter an.

Während Sie Ihre Affirmationen aussprechen, lassen Sie sich auf die jeweils damit verbundene Empfindung ein. Lautet Ihre Affirmation »Ich bin selbstbewusst«, denken Sie an eine Situation, in der Sie sich als selbstbewusst wahrnahmen, und verankern sich in

»Affirmationen dienen dazu, negatives Denken infrage zu stellen.«

diesem Gefühl. Bei der Affirmation »Ich werde geliebt« denken Sie an eine Situation, in der Sie sich geliebt und wertgeschätzt fühlten.

Bei allen Manifestationsübungen, also auch bei Ihren Affirmationen, verwenden Sie die Gegenwartsform: »Ich bin«. Wenn Sie sagen »Ich will …« oder »Ich werde … «, signalisieren Sie dem Universum, dass Sie noch nicht haben, was Sie sich wünschen, noch auf der Suche sind und im Mangeldenken stecken. Dementsprechend werden Sie dann vielleicht das ein oder andere Mal etwas länger warten.

Nach dem Gesetz der Anziehung können wir alles, was für uns vorstellbar ist, magnetisieren.

Indem wir im Präsens sprechen, bekräftigen wir, dass wir bereits haben, was wir uns wünschen. Nun geht es darum, einen möglichst freien Kanal zu öffnen, damit sich dies reibungslos manifestieren kann.

Auf den folgenden Seiten finden Sie 22 Affirmationen, aus denen Sie sich jeden Tag eine auswählen können. Beginnen Sie mit drei bis fünf positiven Aussagen, von denen Sie sich angesprochen fühlen, und passen Sie den Text gegebenenfalls an Ihre persönliche Realität an. Sprechen Sie die Affirmationen entweder laut oder schreiben Sie sie in ein Notizbuch. Denken Sie dabei daran, jedes Mal in die zugehörige positive Emotion zu gehen.

Affirmationen für einen positiven Start in den Tag

- Ich akzeptiere mich bedingungslos.

- Ich bin auf die Energie der Fülle ausgerichtet.

- Ich liebe und akzeptiere mich selbst.

- Wenn ich meiner Intuition und meinem Herzen folge, bin ich sicher aufgehoben.

- Ich treffe stets die richtigen Entscheidungen.

- Authentizität ist meine Superkraft und ich bin bereit, in diese Energie einzutreten.

- Ich kann absolut alles, worauf ich meine Gedanken richte.

- Je mehr ich gebe, desto mehr werde ich bekommen.

- Mein Selbstvertrauen kennt keine Grenzen.

- Ich ziehe Geld magnetisch an.

- Geld fließt mir auf erwarteten und unerwarteten Wegen zu.

- Ich trete mühelos in ein Füllebewusstsein ein.

- Chancen bieten sich mir leicht und mühelos.

- Ich sehe die Vollkommenheit in all meinen Fehlern.

- Ich habe die Kraft zur Veränderung.

- Ich akzeptiere voll und ganz, wer ich bin.

- Ich darf Raum einnehmen.

- Ich wähle den Frieden.

- Ich vergebe mir selbst.

- Ich bin begeistert von den Möglichkeiten, die mir der heutige Tag bietet.

- Ich habe so viel, wofür ich dankbar sein kann.

- Ich bin es wert, wundervolle Beziehungen zu haben.

SCHRITT
9

Synchronizitäten und Zeichen wahrnehmen

Aus den vielen Jahren, in denen ich das Konzept
des Manifestierens lehre, weiß ich, dass für viele
Menschen ihre spirituelle Reise beginnt, wenn
sie anfangen, Synchronizitäten und Zeichen des
Universums wahrzunehmen. Denn dann lösen
Sie sich von evidenzbasierten Theorien und
akzeptieren, dass etwas Magisches
am Werk ist.

Die Verbundenheit vertiefen

Auf unserem Lebensweg haben wir von Zeit zu Zeit das Bedürfnis, das Universum um Führung zu bitten. Das gilt insbesondere, wenn unsere Intuition und unser Ego miteinander ringen, wenn wir auf der Suche nach Klarheit sind.

Zwar können Zeichen und Synchronizitäten als reiner Zufall abgetan werden, aber wenn das Gesetz der Einheit zutrifft und alles auf der Erde in irgendeiner Form verbunden ist, dann werden wir vielleicht wirklich von einer höheren Quelle geleitet. Möglicherweise ist ja tatsächlich etwas anderes im Spiel, das uns führt und uns die Gewissheit gibt, dass wir auf dem richtigen Weg sind.

»Ein Rückschlag ist nicht immer etwas Negatives. Möglicherweise schützt das Universum Sie damit vor etwas.«

Was ist Synchronizität?

Synchronizität beschreibt einen Moment, der so bedeutsam für die eigene Realität ist, dass er sich kaum ignorieren lässt. Der von dem Psychiater Carl Gustav Jung geprägte Begriff bezeichnet Umstände, die sinnvoll verbunden wirken, ohne dass ein unmittelbarer kausaler Zusammenhang erkennbar ist.

Dabei kann es sich zum Beispiel um eine Zufallsbegegnung mit jemandem handeln, bei dem Sie sich schon länger melden wollten, oder Sie hören, wie Fremde über genau das reden, was Sie manifestieren möchten. Vielleicht schlagen Sie auch Ihr Buch zufällig auf einer Seite mit der Botschaft auf, die Sie gerade gebraucht haben. Oder Sie verfahren sich mit dem Auto und gelangen an einen Ort, den Sie schon immer besuchen wollten.

———

Können Sie nachvollziehen, dass Synchronizitäten unerklärliche, aber zeitlich perfekt passende Momente sein können? Mir widerfuhr eine so unwahrscheinliche Begebenheit, dass ich sie mir nicht als reinen Zufall erklären kann. Ich sprach mit einem Freund über einen Sportler, der seine Karriere beendet hatte, und googelte, wohin ihn sein Berufsweg geführt hatte. Am nächsten Tag war ich in einen Autounfall verwickelt und genau die Person, über die ich am Abend zuvor gesprochen hatte, hielt an, um zu fragen, ob es mir gut ging. Ich finde es schwer zu glauben, dass etwas Derartiges reiner Zufall sein soll.

Und was ist ein Zeichen?

Ein Zeichen ist eine direkte Reaktion des Universums auf Ihre Bitte um Unterstützung und Führung. Vielleicht bitten Sie darum, etwas Bestimmtes zu sehen zu bekommen, etwa eine weiße Feder oder einen Schmetterling, um Gewissheit zu haben, dass Ihre Entscheidung richtig war. Indem Sie sich so mit dem Universum verbinden, öffnen Sie einen direkten Kommunikationskanal.

Fünf Arten, wie das Universum mit uns kommuniziert

Sich wiederholende Zahlen: Zahlenwiederholungen und -muster können ein Hinweis darauf sein, dass das Universum mit Ihnen kommunizieren möchte. Sie können zum Beispiel auf einer Quittung, einer Zapfsäule oder einem Autokennzeichen zu sehen sein. Zahlenfolgen haben viele Bedeutungen. Achten Sie darauf, was Sie wahrnehmen, und recherchieren Sie die Bedeutung im Internet. Wenn ich Gewissheit brauche, sehe ich oft 11.11. Bevor ich die Chance erhielt, dieses Buch zu schreiben, sah ich zwei Monate lang bei jedem Blick auf die Uhr oder mein Handy die Zeit in einer sich wiederholenden Folge wie 12.12, 14.14, 17.17 usw. Ohne zu wissen, was mich erwartete, begriff ich intuitiv, dass das Universums mir sagte, dass etwas Großartiges bevorstand.

Lebewesen: Den Indigenen Nord- und Südamerikas gilt der Schmetterling als Symbol für Veränderung, Wandel und Hoffnung. Jeder Stamm folgt einer etwas anderen

Interpretation. Die Libelle kann darauf hindeuten, dass aktuell Anpassungsfähigkeit gefordert ist. Der Pfau kann Wachstum und positive Veränderungen im beruflichen Bereich bedeuten.

Federn: Federn, insbesondere weiße, gelten als Zeichen von Engeln, dass Sie auf Ihrem Weg beschützt und unterstützt werden.

Liedtexte: Wenn ein Liedtext Sie stark anspricht, gehen Sie dem nach. Darin kann eine Botschaft vom Universum verborgen sein.

Rückschläge: Vielleicht hat Ihr Flug Verspätung oder Sie stecken vor einer wichtigen Besprechung im Stau. Vielleicht wurden Sie vor einem Vorstellungsgespräch plötzlich krank oder Ihnen wurde eine Verabredung in letzter Minute abgesagt. Ein Rückschlag ist nicht immer schlecht. Das Universum erspart Ihnen damit eventuell etwas – und das manchmal wort-wörtlich. Fragen Sie sich, ob Sie ein Energietief verspüren und daher Rückschläge anziehen. Das kann bedeuten, dass Sie sich neu ausrichten sollten.

Wie Sie um ein Zeichen bitten

Es kann passieren, dass Ihr innerer Kompass Sie in die richtige Richtung lenken möchte, aber inmitten all der Ablenkungen im Alltag können Sie die nächste Abzweigung nicht erkennen oder Sie wissen nicht einmal, ob Sie auf dem richtigen Weg sind. Gehen Sie dann mit dem Universum in einen Dialog.

Entscheiden Sie zunächst, welches Zeichen Sie bekommen möchten. Bitten Sie um etwas, das Sie nicht jeden Tag sehen, also nicht um rosa Blumen, wenn Ihr Garten voller rosa Rosen oder Hortensien ist. Vielleicht könnte Ihr Zeichen ein blauer Gorilla sein oder ein gelber Luftballon. Wählen Sie etwas, das Ihnen intuitiv richtig erscheint. Es macht nichts, wenn Sie sich nicht vorstellen können, wie Sie es sehen, denn – Sie erinnern sich – das Wie und Wann geht uns nichts an. Wenn wir um etwas Ungewöhnliches bitten, erscheint es uns noch wundersamer, wenn wir es tatsächlich erblicken.

Im nächsten Schritt bitten wir das Universum laut um das gewünschte Zeichen: »Universum, bitte zeig mir einen gelben Luftballon, damit ich weiß, dass ich auf dem richtigen Weg bin.«

Jetzt lassen Sie jegliche Kontrolle los. Akzeptieren, dass Sie mit dem Universum mit-erschaffen, und konzentrieren Sie sich darauf, sich gut zu fühlen, statt ständig nach Zeichen zu suchen. Diese können sich auf ganz verschiedene Weise zeigen. Vielleicht sehen Sie konkret einen gelben Luftballon, der über Ihnen am Himmel schwebt. Sie können ihn aber auch auf dem Pullover eines Kindes oder in einer Zeitschrift entdecken.

Wenn Sie zum ersten Mal Ihr Zeichen erkennen, kommt Ihnen das vielleicht wie ein Wunder vor – ähnlich wie bei der ersten Manifestation. Aber wer sich den Gesetzen des Universums hingibt, erfährt das Leben wirklich so.

Doch was geschieht, wenn Sie glauben, Ihr Zeichen zu sehen, Sie sich aber nicht sicher sind, ob das tatsächlich der Fall ist? Vielleicht fliegt ein orangefarbener Luftballon statt eines gelben vorbei und Sie fragen sich, ob die Farbe nicht doch als Gelb durchgehen könnte.

Klar ist: Das Universum wird Ihnen genau das liefern, worum Sie gebeten haben. Wenn Sie unsicher sind, ob Sie Ihr Zeichen erkennen oder was es bedeutet, dann ist es nicht für Sie gedacht. Auch wenn es verlockend sein mag: Einen uneindeutigen Hinweis so zu manipulieren, dass er unseren Wünschen entspricht, ist nicht der richtige Weg, um unsere Beziehung zum Universum zu stärken. Wenn Sie um einen gelben Luftballon gebeten haben, dann wird Ihnen auch ein gelber Luftballon geliefert.

Was, wenn das Zeichen nicht erscheint?

Sie haben sicher verstanden, dass Geduld der Schlüssel ist, um in Harmonie mit dem höheren Selbst zu sein. Wenn Sie aber weiterhin auf Ihr Zeichen warten, ist vielleicht schon das ein Zeichen.

Nehmen Sie wahr, wie Sie sich im Moment fühlen, und lassen Sie sich von Ihrem Bauchgefühl leiten.

Inzwischen wissen Sie ja, dass das Universum Sie stets so leitet, dass Sie die höchste Version von sich selbst entdecken können, und dass es Sie dabei bedingungslos unterstützt. Vielleicht brauchen Sie also das Zeichen, dass Sie keines brauchen.

Zeichen sind keine Krücke

Wer mit dem Universum auf diese Weise Kontakt aufnimmt, kann sich sehr leicht von der Frage vereinnahmen lassen, was ein Zeichen ist und was nicht. Google wird zum besten Freund und bei jeder Entscheidung fragen Sie sich, was laut Universum das Beste für Sie ist.

Ich rate Ihnen, sich nicht zu sehr auf Zeichen zu stützen. Fragen Sie sich nicht ständig, ob dies oder jenes Sie auf etwas hinweisen soll. Manchmal passieren Dinge einfach.

Sie werden ein Zeichen, das für Sie bestimmt ist, intuitiv verstehen. In diesem Fall öffnen Sie sich für das, was Sie empfangen. Es besteht ein Unterschied zwischen der Führung durch das Universum und der Neigung unseres Verstandes, nach Bestätigung für bestehende Überzeugungen zu suchen. Es ist Ihre Aufgabe zu erkennen, ob Sie ein Zeichen erzwingen wollen oder im Flow sind, sodass Sie eine für Sie bestimmte Botschaft annehmen können.

Ein paar Gedanken zum Schluss

Als ich anfing, dieses Buch zu schreiben, wollte ich von Manifesta-
tionen und Magie erzählen, die ich in den letzten sieben Jahren
erleben durfte. Doch ich fühlte mich immer wieder dazu aufge-
rufen, nicht nur über Spiritualität und Seele, sondern auch über
Strategie und Wissenschaftliches zu sprechen.

Wenn wir einmal all die Ratschläge, Tipps und Tricks zum modernen Manifestieren beiseite lassen, liegt die ganze Schönheit darin, dass wir so die Theorie, die unserem Denken, Verhalten und Handeln zugrunde liegt, umsetzen und zugleich die wunderbar unerklärliche Magie des Universums annehmen können.

Es handelt sich nicht um zwei einzelne Aspekte, sondern die beiden kooperieren und ergänzen sich perfekt. In einem harmonischen Leben kann das eine nicht ohne das andere funktionieren.

Die ersten Gurus, die das Gesetz der Anziehung nutzten, behaupteten, wir müssten nur positiv denken und könnten dann zuschauen, wie unsere Gedanken Realität werden. Inzwischen wissen wir, dass noch weitere Zutaten erforderlich sind, um Mit-Schöpfer unseres Lebens zu werden. So ist es schwierig, seelische Ziele zu erreichen, wenn wir nicht damit vertraut sind, wie wir auf dem Weg dorthin Intentionen setzen. Auch fällt es schwer, inspiriert zu handeln, wenn wir die Stimme unserer Intuition nicht von der unseres Ego unterscheiden können. Die eigene Schwingungsfrequenz zu verändern, wenn wir einschränkende Glaubenssätze lösen wollen, gehört ebenfalls nicht zu den leichtesten Übungen.

Jede Seite in diesem Buch ist mit der letzten untrennbar verbunden, sie alle bilden eine Abfolge von Anleitungen, Bestätigungen und Hilfe. Der Text sollte deshalb einmal vollständig gelesen werden, bei Bedarf werden bestimmte Passagen wiederholt.

Oft scheint es schwieriger zu sein, eine positive Veränderung herbeizuführen, als in einem negativen Zustand zu verharren. Doch wenn Sie auch nur die kleinsten Tipps aus diesem Buch umsetzen, wird sich Ihr Leben grundlegend ändern.

Das Wichtigste bei alldem ist Ihre Beziehung zum Universum. Beim Manifestieren geht es nicht darum, die eigenen Wünsche zu äußern und dann die sofortige Erfüllung zu erwarten. Es geht nicht darum, etwas zu nehmen und nie etwas zurückzugeben. Oder alles zu bekommen, was man sich jemals gewünscht hat, ohne dem Universum manchmal zumindest auf halbem Weg entgegenzukommen.

Wünsche manifestieren sich nicht immer sofort. Manchmal bekommen wir nicht, worum wir bitten. Vielleicht müssen wir warten, akzeptieren, dass wir nicht auf dem richtigen Weg sind, oder noch nicht auf das ausgerichtet, was wir anziehen wollen. Auch gilt: Wir können nicht die Gefühle eines anderen Menschen für uns ändern. Wir können den Lebensweg von anderen nicht beeinflussen und nicht etwas zu unseren Gunsten ändern, wenn andere dadurch das Nachsehen haben.

Ich finde, es ist unglaublich aufregend und beflügelnd, auf göttliche Weise zum höchsten Selbst geführt zu werden. Jeder Tag bietet neue Möglichkeiten.

Jede Drehung und Wendung, jede Lektion, jeder Segen wirkt auf Ihre Beziehung zum Universum und, noch wichtiger, zu sich selbst.

Zu begreifen, dass wir die Schöpfer unseres Lebens sind, dass wir die Kontrolle über unsere Gedanken haben und unsere Realität jederzeit verändern können, das ist der Inbegriff von Freiheit.

Ich hoffe, dass Sie auf unserer gemeinsamen Reise schon erste Veränderungen in Ihrem Leben wahrnehmen konnten, indem Sie Ihr Denken und Ihre Frequenz aktiv beeinflusst haben. Kleine Anfänge können schon bald in große, das ganze Leben verändernde Momente münden und ehe Sie sich versehen, wird Ihnen das Magnetisieren Ihrer Wünsche zur zweiten Natur.

Ich möchte, dass Sie verstehen, dass Sie dazu fähig sind, alles zu manifestieren, was Sie sich wünschen. Und dass Sie es wert sind, alles zu manifestieren, was Sie sich wünschen.

Da Sie nun mit Wissen, Tipps und Techniken bestens versorgt sind, um genau das zu tun, frage ich Sie: Worauf warten Sie noch?

Literatur

Byrne, Rhonda: The Secret – Das Geheimnis, Arkana 2007.

Hay, Louise: Gesundheit für Körper und Seele, 10. Auflage, Allegria 2013.

Hill, Napoleon: Denke nach und werde reich, 15. Auflage, Ariston 2005.

Kroese Floor, M.; De Ridder, Denise T. D.; Evers, Catherine, Adriaanse, Marieke A.: Bedtime procrastination: introducing a new area of procrastination, Frontiers in Psychology, 19. Juni 2014, https://www.frontiersin.org/articles/10.3389/fpsyg.2014.00611/full (abgerufen im Mai 2022).

Openshaw, Robyn: *Vibe*, Gallery Books 2017.

Peale, Norman Vincent: Die Kraft des positiven Denkens, 5. Auflage, Oesch 2011.

Swart, Tara: Die Quelle: Wie unser Denken unser Schicksal beeinflusst. Bahnbrechende Erkenntnisse über die erstaunliche Kraft unserer Gedanken, Ariston 2019.

Register

A

Ablehnung 118, 120, 138–139
Affirmationen 140–144
Angst 45, 118, 120
Anhaftung 129
Anziehung
  369-Methode 65
  Gesetz der 7, 12, 13, 16, 38, 70, 71, 89
  Handeln 115–127, 154
  Loslassen 39, 130
Atmung 47, 75, 127
Ausgleichs, Gesetz des 16

B

Bauchgefühl 117–121, 153
Beruf/Karriere
  einschränkende Glaubenssätze 103–105
  Intentionen setzen 35, 41, 43, 48
  negative Energie 74, 82
  Zufriedenheit 27, 29, 32
Bestätigung 30, 36, 43, 45, 122
Bewusstsein
  Denken ändern 110–113
  einschränkende Glaubenssätze 101–102, 127

Füllebewusstsein 90–94
Intentionen setzen 37, 45
Unterbewusstsein 18–19, 24, 101, 117, 127, 140
Visualisieren 61, 65
Beziehungen
  Affirmationen 143
  Intentionen setzen 48
  negative Energie 78–83
  Riffen 56
  Seelenverwandte 40, 80–81
  Zufriedenheit 26, 32
Brief an sich selbst 63

D

Dankbarkeit 65, 82, 87–97, 143
Denken
  Denkmuster ändern 53, 62, 75–76, 105
  einschränkende Glaubenssätze 101, 105, 127
  Kraft des 12, 13, 16, 18, 37
  negatives 12, 18, 64, 75–76, 101, 125
  positives 12, 13, 18, 37, 102, 105

E

EFT-Klopfakupressur 108–113
Ego 121, 122–125, 154
Einheit, Gesetz der 16, 146
Einklang 22, 31, 37, 42, 58, 155
Energie
  EFT-Klopfakupressur 108–113
  Frequenz 18, 69, 70–72
  negative 73, 74, 78–85
  verlieren 83–84
  verstärken 65, 84–85, 87, 96
Entgiften, Bad 49
Erdung 76, 127
Ergebnis 118, 120, 129, 132–139
Ernährung 73

F

Familie 26, 79, 101, 104
Federn 159
Freunde 40, 78, 80–83
Füllebewusstsein 90–94, 143

G

Geben 96–97, 142

Gefühle
Angst 45, 118, 120
Dankbarkeit 87–88, 93
EFT-Klopfakupressur
108–113
Ego 122
einschränkende Glau-
benssätze 101
Energie verstärken 65,
84–85, 87, 96
Intentionen setzen 37,
43
Risiken eingehen 118,
120–121
Geld 27, 33, 39–40, 70,
142
Genauigkeit 37, 38–43,
121–125, 139, 142, 154
Geschichte des
Manifestierens 13
Gesetz der Anziehung
12, 13, 16, 70, 116,
130
Ausgleich 16
Einheit 16, 146
Rhythmus 16
Schwingungen 16,
18–19, 70–71
Universum 16
Ursache und Wirkung
93–94
Gesundheit und Wohl-
befinden 26, 46, 47, 48
Gewohnheiten 18,
23–24, 48, 62

Glaubenssätze
ans Manifestieren
glauben 99, 100,
130–131
einschränkende 101–
109, 127, 154
verändern 18–19,
23–24, 62, 102–113
Glück 29–30, 36, 55,
88, 132–133

H
Handeln 115–127, 154
Handy 49, 52, 53, 73,
127

I
Intentionen 35–49, 154
Angst 45
Dankbarkeit 94–95
Genauigkeit 38–43
kosmische Einkaufs-
liste 42–43
monatliche 48–49
Neumondritual 46–49
Internet 52–53, 73, 117

K
Kalender abspecken 76
Klarheit 31, 41, 54, 57,
127
Kognitive Verhaltens-
therapie (KVT) 62
Kontrolle 40, 122, 131,
150

Körper-Geist-Verbin-
dung 37, 61
Kristalle 46, 49, 70,
81, 82

L
Lächeln 55
Lebewesen 148–149
Liebe 26, 32, 40, 80–81
Liedtext 149
Loslassen 129, 132–143

M
Magnetisieren 141, 155
Mangeldenken 70,
90–94, 131, 141
Meditation 52, 75, 117,
137
Meridianpunkt 109–113
Musik 72, 149

N
Natur 76, 91, 95, 117
Negative Energie 73–74,
78–85
Negatives Denken 12,
18, 64, 75–76, 101, 125
Neumondritual 46–49
Neurowissenschaft 37,
55
Notizen machen 117

O
Ordnung schaffen 74

P

Persönliche Entwicklung 27, 33

Pflanzen, 76, 95

Positives Denken 12–13, 18, 37, 102, 105, 140–143

Q

Quantenverschiebung 136–137

R

Raum schaffen 46

Reinigen 47, 49, 74

Rhythmus, Gesetz des 16

Risiken eingehen 118–121

Rückschläge 149

S

Schlaf 76–77, 117

Schwingungen anheben 69, 72–85, 88–89, 154

Frequenz 18–19

Gesetz der 16, 70–71

Seelenverwandte 40, 80–81

Seelenziele 29–33, 36–37, 54–55, 133, 154

Selbstakzeptanz 142, 143, 155

So tun als ob 57, 62–63, 66, 136-137

Soziale Medien 52, 53, 73, 97, 107

Spiritualität 27, 46, 81

Synchronizität 145, 147

T

Tagebucheinträge

369-Methode 65

Intentionen setzen 48

Loslassen 135

mit dem Universum verbinden 126–127

Script 57

Seelenziele 32–33

Technik 52–53, 73, 77, 104–105, 117

Traum 117

U

Übungen

369-Methode 64–67

Acht-Linien-Übung 26

Affirmationen 140–143

Bumerangeffekt 96

EFT-Klopfakupressur 108–113

Intentionen setzen 46–47

Tagebuch schreiben 32–33, 126–127

Vergebung 84–85

Umgebung

Energie erhöhen 74

Erfüllung 27, 33

Intentionen setzen 40, 46–47

reinigen 47, 74

Universum

369-Methode 65, 66

Beziehung zum 155

Download 117–118

Gesetze des 16

Intentionen setzen 38, 42

sich verbinden mit 51–55, 65, 100, 127

Vertrauen in 130, 131, 132, 139

Zeichen 64, 145–153

V

Veränderung

begrüßen 23–27

Brief an sich selbst 63

Intentionen setzen 35, 41, 43, 48

Vergeben 84–85, 143

Verstärker 107

Visionboard 54–55

Visualisieren 21, 49, 58–65

Z

Zahlenfolge 64, 148

Zeichen 145–153

Zufriedenheitsübung 26

Danksagung

Wo soll ich bei so vielen großartigen Menschen in meinem Leben nur anfangen? Bei meiner Familie: Danke dafür, dass ihr immer an meinen Traum geglaubt hat, eines Tages ein Buch zu veröffentlichen. Dass ihr gesagt habt, »Jackson kann alles schaffen«, und jeden Erfolg, ob groß oder klein, mit mir gefeiert habt.

An meine Freunde: Danke, ihr seid die besten Unterstützer, von denen man träumen kann. Ob wir uns täglich oder nur zweimal im Jahr sehen, mein Glück ist, zu viele wunderbare Freunde zu haben, um sie auf dieser kurzen Seite nennen zu können. Ich könnte ein weiteres Buch darüber schreiben, wie ihr mein Leben segnet. Dawn, welches Glück, dich seit über 30 Jahren in meinem Leben zu haben. Du feuerst mich an, munterst mich auf und teilst meine Liebe für das Kreativsein, das Tanzen zu 1990er-R&B und schlechte Haarschnitte. Kimberly, danke, dass du liebevoll geholfen hast, den strengen Zeitplan umzusetzen. Tabara, danke für deine Ratschläge und deinen Glauben an mich – von einer Autorin zur anderen. Du hast dein Verlagsgeheimnis mit mir geteilt und ich konnte es dir zurückgeben. Danke an das Team von Octopus Publishing – Natalie, Sarah, Juliette, Emily, Elise und Rosamund – dafür, dass ihr mir die Chance gegeben haben, mein Wissen über das Manifestieren mit der Welt zu teilen, obwohl ich lange dachte, niemand würde zuhören wollen. Dem Manifestation Collective: Nichts von alldem wäre möglich gewesen ohne euch, ohne unsere kleine Facebook-Gruppe mit 20 Mitgliedern im Jahr 2019, die sich über alles Mögliche austauschte, eure Fragen und eure Suche nach Anleitungen, die mich unbewusst inspirierten, während ich dieses Buch schrieb. Danke, dass ihr mich auf dieser Reise begleitet habt.

Vor allem aber danke ich dir, liebes Universum, dass du dieses wunderbare Erlebnis mitgestaltet hast. Du hast mich immer begleitet, selbst als ich dachte, ich hätte nichts mehr zu sagen.

Schließlich widme ich dieses Buch meinem Schatz Matilda. Du hast mir gezeigt, dass ich alles im Leben werden kann, sogar eine glitzernde, Einhörner liebende Meerjungfrau …